*Das 3. Lehrbuch
aus dem Alten Testament der Bibel*

Die Sprüche Salomos

Lebensweisheiten aus dem alten Israel

Übersetzung nach
Martin Luther 1545

Bibliografische Information der Deutschen Nationalbibliothek:
Die Deutsche Nationalbibliothek verzeichnet diese Publikation in der Deutschen Nationalbibliografie; detaillierte bibliografische Daten sind im Internet über http://dnb.dnb.de abrufbar.

TWENTYSIX – Der Self-Publishing-Verlag
Eine Kooperation zwischen der Verlagsgruppe Random House und BoD – Books on Demand

Herstellung und Verlag:
BoD – Books on Demand, Norderstedt

ISBN: 978-3-740-76843-0

Übersetzung: **Martin Luther 1545**

Layout, Schriftsatz, Formatierung:
Antonia Katharina Tessnow
www.antonia-katharina.de

Erster Teil

Die Furcht des HERRN
ist der Anfang der Erkenntnis

1. Kapitel

Freundlicher Ruf der Weisheit.
Warnung vor Verführung.
Strafe der Ungehorsamen.

1 Dies sind die Sprüche Salomos, des Königs in Israel, des Sohnes Davids,

2 zu lernen Weisheit und Zucht, Verstand

3 Klugheit, Gerechtigkeit, Recht und Schlecht;

4 daß die Unverständigen klug und die Jünglinge vernünftig und vorsichtig werden.

5 Wer weise ist der hört zu und bessert sich; wer verständig ist, der läßt sich raten,

6 daß er verstehe die Sprüche und ihre Deutung, die Lehre der Weisen und ihre Beispiele.

7 Des HERRN Furcht ist Anfang der Erkenntnis. Die Ruchlosen verachten Weisheit und Zucht.

8 Mein Kind, gehorche der Zucht deines

Vaters und verlaß nicht das Gebot deiner Mutter.

9 Denn solches ist ein schöner Schmuck deinem Haupt und eine Kette an deinem Hals.

10 Mein Kind, wenn dich die bösen Buben locken, so folge nicht.

11 Wenn sie sagen: "Gehe mit uns! wir wollen auf Blut lauern und den Unschuldigen ohne Ursache nachstellen;

12 wir wollen sie lebendig verschlingen wie die Hölle und die Frommen wie die, so hinunter in die Grube fahren;

13 wir wollen großes Gut finden; wir wollen unsre Häuser mit Raub füllen;

14 wage es mit uns! es soll unser aller ein Beutel sein":

15 mein Kind, wandle den Weg nicht mit ihnen; wehre deinem Fuß vor ihrem Pfad.

16 Denn ihr Füße laufen zum Bösen und eilen, Blut zu vergießen.

17 Denn es ist vergeblich, das Netz auswerfen vor den Augen der Vögel.

18 Sie aber lauern auf ihr eigen Blut und stellen sich selbst nach dem Leben.

19 Also geht es allen, die nach Gewinn

geizen, daß ihr Geiz ihnen das Leben nimmt.

20 Die Weisheit klagt draußen und läßt sich hören auf den Gassen;

21 sie ruft in dem Eingang des Tores, vorn unter dem Volk; sie redet ihre Worte in der Stadt:

22 Wie lange wollt ihr Unverständigen unverständig sein und die Spötter Lust zu Spötterei und die Ruchlosen die Lehre hassen?

23 Kehret euch zu meiner Strafe. Siehe, ich will euch heraussagen meinen Geist und euch meine Worte kundtun.

24 Weil ich denn rufe, und ihr weigert euch, ich recke meine Hand aus, und niemand achtet darauf,

25 und laßt fahren allen meinen Rat und wollt meine Strafe nicht:

26 so will ich auch lachen in eurem Unglück und eurer spotten, wenn da kommt, was ihr fürchtet,

27 wenn über euch kommt wie ein Sturm, was ihr fürchtet, und euer Unglück als ein Wetter, wenn über euch Angst und Not kommt.

28 Dann werden sie nach mir rufen, aber

ich werde nicht antworten; sie werden mich suchen, und nicht finden.

29 Darum, daß sie haßten die Lehre und wollten des HERRN Furcht nicht haben,

30 wollten meinen Rat nicht und lästerten alle meine Strafe:

31 so sollen sie essen von den Früchten ihres Wesens und ihres Rats satt werden.

32 Was die Unverständigen gelüstet, tötet sie, und der Ruchlosen Glück bringt sie um.

33 Wer aber mir gehorcht, wird sicher bleiben und genug haben und kein Unglück fürchten.

2. Kapitel

Ermahnung, Weisheit ernstlich zu suchen und sich dadurch vor Verführern zu bewahren.

1 Mein Kind, so du willst meine Rede annehmen und meine Gebote bei dir behalten,

2 daß dein Ohr auf Weisheit achthat und du dein Herz mit Fleiß dazu neigest;

3 ja, so du mit Fleiß darnach rufest und darum betest;

4 so du sie suchest wie Silber und nach ihr forschest wie nach Schätzen:

5 alsdann wirst du die Furcht des HERRN verstehen und Gottes Erkenntnis finden.

6 Denn der HERR gibt Weisheit, und aus seinem Munde kommt Erkenntnis und Verstand.

7 Er läßt's den Aufrichtigen gelingen und beschirmt die Frommen

8 und behütet die, so recht tun, und bewahrt den Weg seiner Heiligen.

9 Alsdann wirst du verstehen Gerechtigkeit und Recht und Frömmigkeit und allen guten Weg.

10 Denn Weisheit wird in dein Herz eingehen, daß du gerne lernst;

11 guter Rat wird dich bewahren, und Verstand wird dich behüten,

12 daß du nicht geratest auf den Weg der Bösen noch unter die verkehrten Schwätzer,

13 die da verlassen die rechte Bahn und gehen finstere Wege,

14 die sich freuen, Böses zu tun, und sind

fröhlich in ihrem bösen, verkehrten Wesen,

15 welche ihren Weg verkehren und folgen ihrem Abwege;

16 daß du nicht geratest an eines andern Weib, an eine Fremde, die glatte Worte gibt

17 und verläßt den Freund ihrer Jugend und vergißt den Bund ihres Gottes

18 (denn ihr Haus neigt sich zum Tod und ihre Gänge zu den Verlorenen;

19 alle, die zu ihr eingehen, kommen nicht wieder und ergreifen den Weg des Lebens nicht);

20 auf daß du wandelst auf gutem Wege und bleibst auf der rechten Bahn.

21 Denn die Gerechten werden im Lande wohnen, und die Frommen werden darin bleiben;

22 aber die Gottlosen werden aus dem Lande ausgerottet, und die Verächter werden daraus vertilgt.

3. Kapitel

Segen der Gottesfurcht und Weisheit.

1 Mein Kind, vergiß meines Gesetzes nicht, und dein Herz behalte meine Gebote.

2 Denn sie werden dir langes Leben und gute Jahre und Frieden bringen;

3 Gnade und Treue werden dich nicht lassen. Hänge sie an deinen Hals und schreibe sie auf die Tafel deines Herzens,

4 so wirst du Gunst und Klugheit finden, die Gott und Menschen gefällt.

5 Verlaß dich auf den HERRN von ganzem Herzen und verlaß dich nicht auf deinen Verstand;

6 sondern gedenke an ihn in allen deinen Wegen, so wird er dich recht führen.

7 Dünke dich nicht, weise zu sein, sondern fürchte den HERRN und weiche vom Bösen.

8 Das wird deinem Leibe gesund sein und deine Gebeine erquicken.

9 Ehre den HERRN von deinem Gut und

von den Erstlingen all deines Einkommens,

10 so werden deine Scheunen voll werden und deine Kelter mit Most übergehen.

11 Mein Kind, verwirf die Zucht des HERRN nicht und sei nicht ungeduldig über seine Strafe.

12 Denn welchen der HERR liebt, den straft er, und hat doch Wohlgefallen an ihm wie ein Vater am Sohn.

13 Wohl dem Menschen, der Weisheit findet, und dem Menschen, der Verstand bekommt!

14 Denn es ist besser, sie zu erwerben, als Silber; denn ihr Ertrag ist besser als Gold.

15 Sie ist edler denn Perlen; und alles, was du wünschen magst, ist ihr nicht zu vergleichen.

16 Langes Leben ist zu ihrer rechten Hand; zu ihrer Linken ist Reichtum und Ehre.

17 Ihre Wege sind liebliche Wege, und alle ihre Steige sind Friede.

18 Sie ist ein Baum des Lebens allen, die

sie ergreifen; und selig sind, die sie halten.

19 Denn der HERR hat die Erde durch Weisheit gegründet und durch seinen Rat die Himmel bereitet.

20 Durch seine Weisheit sind die Tiefen zerteilt und die Wolken mit Tau triefend gemacht.

21 Mein Kind, laß sie nicht von deinen Augen weichen, so wirst du glückselig und klug werden.

22 Das wird deiner Seele Leben sein und ein Schmuck deinem Halse.

23 Dann wirst du sicher wandeln auf deinem Wege, daß dein Fuß sich nicht stoßen wird.

24 Legst du dich, so wirst du dich nicht fürchten, sondern süß schlafen,

25 daß du dich nicht fürchten darfst vor plötzlichem Schrecken noch vor dem Sturm der Gottlosen, wenn er kommt.

26 Denn der HERR ist dein Trotz; der behütet deinen Fuß, daß er nicht gefangen werde.

27 Weigere dich nicht, dem Dürftigen Gutes zu tun, so deine Hand von Gott hat, solches zu tun.

28 Sprich nicht zu deinem Nächsten: "Geh hin und komm wieder; morgen will ich dir geben", so du es wohl hast.

29 Trachte nicht Böses wider deinen Nächsten, der auf Treue bei dir wohnt.

30 Hadere nicht mit jemand ohne Ursache, so er dir kein Leid getan hat.

31 Eifere nicht einem Frevler nach und erwähle seiner Wege keinen;

32 denn der HERR hat Gräuel an dem Abtrünnigen, und sein Geheimnis ist bei den Frommen.

33 Im Hause des Gottlosen ist der Fluch des HERRN; aber das Haus der Gerechten wird gesegnet.

34 Er wird der Spötter spotten; aber den Elenden wird er Gnade geben.

35 Die Weisen werden Ehre erben; aber wenn die Narren hochkommen, werden sie doch zu Schanden.

4. Kapitel

Väterliche Erinnerungen, die Lehren der Weisheit zu befolgen.

1 Höret, meine Kinder, die Zucht eures Vaters; merket auf, daß ihr lernt und klug werdet!

2 Denn ich gebe euch eine gute Lehre; verlaßt mein Gesetz nicht.

3 Denn ich war meines Vaters Sohn, ein zarter und ein einziger vor meiner Mutter.

4 Und er lehrte mich und sprach: Laß dein Herz meine Worte aufnehmen; halte meine Gebote, so wirst du leben.

5 Nimm an Weisheit, nimm an Verstand; vergiß nicht und weiche nicht von der Rede meines Mundes.

6 Verlaß sie nicht, so wird sie dich bewahren; liebe sie, so wird sie dich behüten.

7 Denn der Weisheit Anfang ist, wenn man sie gerne hört und die Klugheit lieber hat als alle Güter.

8 Achte sie hoch, so wird sie dich erhöhen, und wird dich zu Ehren bringen, wo du sie herzest.

9 Sie wird dein Haupt schön schmücken und wird dich zieren mit einer prächtigen Krone.

10 So höre, mein Kind, und nimm an meine Rede, so werden deiner Jahre viel werden.

11 Ich will dich den Weg der Weisheit führen; ich will dich auf rechter Bahn leiten,

12 daß, wenn du gehst, dein Gang dir nicht sauer werde, und wenn du läufst, daß du nicht anstoßest.

13 Fasse die Zucht, laß nicht davon; bewahre sie, denn sie ist dein Leben.

14 Komm nicht auf der Gottlosen Pfad und tritt nicht auf den Weg der Bösen.

15 Laß ihn fahren und gehe nicht darin; weiche von ihm und gehe vorüber.

16 Denn sie schlafen nicht, sie haben denn Übel getan; und ruhen nicht, sie haben den Schaden getan.

17 Denn sie nähren sich von gottlosem Brot und trinken vom Wein des Frevels.

18 Aber der Gerechten Pfad glänzt wie das Licht, das immer heller leuchtet bis auf den vollen Tag.

19 Der Gottlosen Weg aber ist wie

Dunkel; sie wissen nicht, wo sie fallen werden.

20 Mein Sohn, merke auf meine Worte und neige dein Ohr zu meiner Rede.

21 Laß sie nicht von deinen Augen fahren, behalte sie in deinem Herzen.

22 Denn sie sind das Leben denen, die sie finden, und gesund ihrem ganzen Leibe.

23 Behüte dein Herz mit allem Fleiß; denn daraus geht das Leben.

24 Tue von dir den verkehrten Mund und laß das Lästermaul ferne von dir sein.

25 Laß deine Augen stracks vor sich sehen und deine Augenlider richtig vor dir hin blicken.

26 Laß deinen Fuß gleich vor sich gehen, so gehst du gewiß.

27 Wanke weder zur Rechten noch zur Linken; wende deinen Fuß vom Bösen.

5. Kapitel

Warnung vor Unzucht.

1 Mein Kind, merke auf meine Weisheit;

neige dein Ohr zu meiner Lehre,

2 daß du bewahrest guten Rat und dein Mund wisse Unterschied zu halten.

3 Denn die Lippen der Hure sind süß wie Honigseim, und ihre Kehle ist glätter als Öl,

4 aber hernach bitter wie Wermut und scharf wie ein zweischneidiges Schwert.

5 Ihre Füße laufen zum Tod hinunter; ihre Gänge führen ins Grab.

6 Sie geht nicht stracks auf dem Wege des Lebens; unstet sind ihre Tritte, daß sie nicht weiß, wo sie geht.

7 So gehorchet mir nun, meine Kinder, und weichet nicht von der Rede meines Mundes.

8 Laß deine Wege ferne von ihr sein, und nahe nicht zur Tür ihres Hauses,

9 daß du nicht den Fremden gebest deine Ehre und deine Jahre dem Grausamen;

10 daß sich nicht Fremde von deinem Vermögen sättigen und deine Arbeit nicht sei in eines andern Haus,

11 und müssest hernach seufzen, wenn du Leib und Gut verzehrt hast,

12 und sprechen: "Ach, wie habe ich die

Zucht gehaßt und wie hat mein Herz die Strafe verschmäht!

13 wie habe ich nicht gehorcht der Stimme meiner Lehrer und mein Ohr nicht geneigt zu denen, die mich lehrten!

14 Ich bin schier in alles Unglück gekommen vor allen Leuten und allem Volk."

15 Trink Wasser aus deiner Grube und Flüsse aus deinem Brunnen.

16 Laß deine Brunnen herausfließen und die Wasserbäche auf die Gassen.

17 Habe du aber sie allein, und kein Fremder mit dir.

18 Dein Born sei gesegnet, und freue dich des Weibes deiner Jugend.

19 Sie ist lieblich wie die Hinde und holdselig wie ein Reh. Laß dich ihre Liebe allezeit sättigen und ergötze dich allewege in ihrer Liebe.

20 Mein Kind, warum willst du dich an der Fremden ergötzen und herzest eine andere?

21 Denn jedermanns Wege sind offen vor dem HERRN, und er mißt alle ihre Gänge.

22 Die Missetat des Gottlosen wird ihn

fangen, und er wird mit dem Strick seiner Sünde gehalten werden.

23 Er wird sterben, darum daß er sich nicht will ziehen lassen; und um seiner großen Torheit willen wird's ihm nicht wohl gehen.

[Ein solcher wird sterben aus Mangel an Zucht, und in der Größe seiner Narrheit taumelt er dahin. (1)]

6. Kapitel

Warnung vor Bürgschaft, vor Trägheit,
vor Bosheit und Ehebruch.

1 Mein Kind, wirst du Bürge für deinen Nächsten und hast deine Hand bei einem Fremden verhaftet,

2 so bist du verknüpft durch die Rede deines Mundes und gefangen mit den Reden deines Mundes.

3 So tue doch, mein Kind, also und errette dich, denn du bist deinem Nächsten in die Hände gekommen: eile, dränge und treibe deinen Nächsten.

4 Laß deine Augen nicht schlafen, noch

deinen Augenlider schlummern.

5 Errette dich wie ein Reh von der Hand und wie eine Vogel aus der Hand des Voglers.

6 Gehe hin zur Ameise, du Fauler; siehe ihre Weise an und lerne!

7 Ob sie wohl keinen Fürsten noch Hauptmann noch Herrn hat,

8 bereitet sie doch ihr Brot im Sommer und sammelt ihre Speise in der Ernte.

9 Wie lange liegst du, Fauler? Wann willst du aufstehen von deinem Schlaf?

10 Ja, schlafe noch ein wenig, schlummere ein wenig, schlage die Hände ineinander ein wenig, daß du schlafest,

11 so wird dich die Armut übereilen wie ein Fußgänger und der Mangel wie ein gewappneter Mann.

12 Ein heilloser Mensch, ein schädlicher Mann geht mit verstelltem Munde,

13 winkt mit Augen, deutet mit Füßen, zeigt mit Fingern,

14 trachtet allezeit Böses und Verkehrtes in seinem Herzen und richtet Hader an.

15 Darum wird ihm plötzlich sein Verderben kommen, und er wird schnell

zerbrochen werden, da keine Hilfe dasein wird.

16 Diese sechs Stücke haßt der HERR, und am siebenten hat er einen Gräuel:

17 hohe Augen, falsche Zunge, Hände, die unschuldig Blut vergießen,

18 Herz, das mit böser Tücke umgeht, Füße, die behend sind, Schaden zu tun,

19 falscher Zeuge, der frech Lügen redet und wer Hader zwischen Brüdern anrichtet.

20 Mein Kind, bewahre die Gebote deines Vaters und laß nicht fahren das Gesetz deiner Mutter.

21 Binde sie zusammen auf dein Herz allewege und hänge sie an deinen Hals,

22 wenn du gehst, daß sie dich geleiten; wenn du dich legst, daß sie dich bewahren; wenn du aufwachst, daß sie zu dir sprechen.

23 Denn das Gebot ist eine Leuchte und das Gesetz ein Licht, und die Strafe der Zucht ist ein Weg des Lebens,

24 auf daß du bewahrt werdest vor dem bösen Weibe, vor der glatten Zunge der Fremden.

25 Laß dich ihre Schöne nicht gelüsten in

deinem Herzen und verfange dich nicht an ihren Augenlidern.

26 Denn eine Hure bringt einen ums Brot; aber eines andern Weib fängt das edle Leben.

27 Kann auch jemand ein Feuer im Busen behalten, daß seine Kleider nicht brennen?

28 Wie sollte jemand auf Kohlen gehen, daß seine Füße nicht verbrannt würden?

29 Also gehet's dem, der zu seines Nächsten Weib geht; es bleibt keiner ungestraft, der sie berührt.

30 Es ist einem Diebe nicht so große Schmach, ob er stiehlt, seine Seele zu sättigen, weil ihn hungert;

31 und ob er ergriffen wird, gibt er's siebenfältig wieder und legt dar alles Gut in seinem Hause.

32 Aber wer mit einem Weibe die Ehe bricht, der ist ein Narr; der bringt sein Leben ins Verderben.

33 Dazu trifft ihn Plage und Schande, und seine Schande wird nicht ausgetilgt.

34 Denn der Grimm des Mannes eifert, und schont nicht zur Zeit der Rache

35 und sieht keine Person an, die da

versöhne, und nimmt's nicht an, ob du viel schenken wolltest.

7. Kapitel

Beschreibung der Verführung zur Unzucht und ihrer traurigen Folgen.

1 Mein Kind, behalte meine Rede und verbirg meine Gebote bei dir.

2 Behalte meine Gebote, so wirst du leben, und mein Gesetz wie deinen Augapfel.

3 Binde sie an deine Finger; schreibe sie auf die Tafel deines Herzens.

4 Sprich zur Weisheit: "Du bist meine Schwester", und nenne die Klugheit deine Freundin,

5 daß du behütet werdest vor dem fremden Weibe, vor einer andern, die glatte Worte gibt.

6 Denn am Fenster meines Hauses guckte ich durchs Gitter

7 und sah unter den Unverständigen und ward gewahr unter den Kindern eines törichten Jünglings,

8 der ging auf der Gasse an einer Ecke und trat daher auf dem Wege bei ihrem Hause,

9 in der Dämmerung, am Abend des Tages, da es Nacht ward und dunkel war.

10 Und siehe, da begegnete ihm ein Weib im Hurenschmuck, listig,

11 wild und unbändig, daß ihr Füße in ihrem Hause nicht bleiben können.

12 Jetzt ist sie draußen, jetzt auf der Gasse, und lauert an allen Ecken.

13 Und erwischte ihn und küßte ihn unverschämt und sprach zu ihm:

14 Ich habe Dankopfer für mich heute bezahlt für meine Gelübde.

15 Darum bin herausgegangen, dir zu begegnen, dein Angesicht zu suchen, und habe dich gefunden.

16 Ich habe mein Bett schön geschmückt mit bunten Teppichen aus Ägypten.

17 Ich habe mein Lager mit Myrrhe, Aloe und Zimt besprengt.

18 Komm, laß und buhlen bis an den Morgen und laß uns der Liebe pflegen.

19 Denn der Mann ist nicht daheim; er ist einen fernen Weg gezogen.

20 Er hat den Geldsack mit sich

genommen; er wird erst aufs Fest wieder heimkommen.

21 Sie überredete ihn mit vielen Worten und gewann ihn mit ihrem glatten Munde.

22 Er folgt ihr alsbald nach, wie ein Ochse zur Fleischbank geführt wird, und wie zur Fessel, womit man die Narren züchtigt,

23 bis sie ihm mit dem Pfeil die Leber spaltet; wie ein Vogel zum Strick eilt und weiß nicht, daß es ihm sein Leben gilt.

24 So gehorchet mir nun, meine Kinder, und merket auf die Rede meines Mundes.

25 Laß dein Herz nicht weichen auf ihren Weg und laß dich nicht verführen auf ihrer Bahn.

26 Denn sie hat viele verwundet und gefällt, und sind allerlei Mächtige von ihr erwürgt.

27 Ihr Haus sind Wege zum Grab, da man hinunterfährt in des Todes Kammern.

8. Kapitel

Einladung und Verheißung der Weisheit,
die von Ewigkeit her bei Gott ist.

1 Ruft nicht die Weisheit, und die Klugheit läßt sich hören?

2 Öffentlich am Wege und an der Straße steht sie.

3 An den Toren bei der Stadt, da man zur Tür eingeht, schreit sie:

4 O ihr Männer, ich schreie zu euch und rufe den Leuten.

5 Merkt, ihr Unverständigen, auf Klugheit und, ihr Toren, nehmt es zu Herzen!

6 Höret, denn ich will reden, was fürstlich ist, und lehren, was recht ist.

7 Denn mein Mund soll die Wahrheit reden, und meine Lippen sollen hassen, was gottlos ist.

8 Alle Reden meines Mundes sind gerecht; es ist nichts Verkehrtes noch falsches darin.

9 Sie sind alle gerade denen, die sie verstehen, und richtig denen, die es annehmen wollen.

10 Nehmet an meine Zucht lieber denn

Silber, und die Lehre achtet höher denn köstliches Gold.

11 Denn Weisheit ist besser als Perlen; und alles, was man wünschen mag, kann ihr nicht gleichen.

12 Ich, Weisheit, wohne bei der Klugheit und weiß guten Rat zu geben.

13 Die Furcht des HERRN haßt das Arge, die Hoffart, den Hochmut und bösen Weg; und ich bin feind dem verkehrten Mund.

14 Mein ist beides, Rat und Tat; ich habe Verstand und Macht.

15 Durch mich regieren die Könige und setzen die Ratsherren das Recht.

16 Durch mich herrschen die Fürsten und alle Regenten auf Erden.

17 Ich liebe, die mich lieben; und die mich frühe suchen, finden mich.

18 Reichtum und Ehre ist bei mir, währendes Gut und Gerechtigkeit.

19 Meine Frucht ist besser denn Gold und feines Gold und mein Ertrag besser denn auserlesenes Silber.

20 Ich wandle auf dem rechten Wege, auf der Straße des Rechts,

21 daß ich wohl versorge, die mich

lieben, und ihre Schätze vollmache.

22 Der HERR hat mich gehabt im Anfang seiner Wege; ehe er etwas schuf, war ich da.

23 Ich bin eingesetzt von Ewigkeit, von Anfang, vor der Erde.

24 Da die Tiefen noch nicht waren, da war ich schon geboren, da die Brunnen noch nicht mit Wasser quollen.

25 Ehe denn die Berge eingesenkt waren, vor den Hügeln war ich geboren,

26 da er die Erde noch nicht gemacht hatte und was darauf ist, noch die Berge des Erdbodens.

27 Da er die Himmel bereitete, war ich daselbst, da er die Tiefe mit seinem Ziel faßte.

28 Da er die Wolken droben festete, da er festigte die Brunnen der Tiefe,

29 da er dem Meer das Ziel setzte und den Wassern, daß sie nicht überschreiten seinen Befehl, da er den Grund der Erde legte:

30 da war ich der Werkmeister bei ihm und hatte meine Lust täglich und spielte vor ihm allezeit

31 und spielte auf seinem Erdboden,

und meine Lust ist bei den Menschenkindern.

32 So gehorchet mir nun, meine Kinder. Wohl denen, die meine Wege halten!

33 Höret die Zucht und werdet weise und lasset sie nicht fahren.

34 Wohl dem Menschen, der mir gehorcht, daß er wache an meiner Tür täglich, daß er warte an den Pfosten meiner Tür.

35 Wer mich findet, der findet das Leben und wird Wohlgefallen vom HERRN erlangen.

36 Wer aber an mir sündigt, der verletzt seine Seele. [Wer mich aber verfehlt, tut sich selbst Gewalt an. (2) Aber wer mich verfehlt, schädigt sich selbst. (3) Wer mich aber verfehlt, tut seiner Seele Gewalt an (4) wer mich aber verfehlt, der fügt seiner eigenen Seele Schaden zu (5) Alle, die mich hassen, lieben den Tod.

9. Kapitel

Freundlicher Ruf der Weisheit;
Warnung vor Lockung der Torheit.

1 Die Weisheit baute ihr Haus und hieb sieben Säulen,

2 schlachtete ihr Vieh und trug ihren Wein auf und bereitete ihren Tisch

3 und sandte ihre Dirnen aus, zu rufen oben auf den Höhen der Stadt:

4 "Wer verständig ist, der mache sich hierher!", und zum Narren sprach sie:

5 "Kommet, zehret von meinem Brot und trinket den Wein, den ich schenke;

6 verlaßt das unverständige Wesen, so werdet ihr leben, und gehet auf dem Wege der Klugheit."

7 Wer den Spötter züchtigt, der muß Schande auf sich nehmen; und wer den Gottlosen straft, der muß gehöhnt werden. [Wer einen Spötter züchtigt, holt sich Beschimpfung, und wer einen Gesetzlosen zurechtweist, der holt sich Schmach. (6)]

8 Strafe den Spötter nicht, er haßt dich; strafe den Weisen, der wird dich lieben.

9 Gib dem Weisen, so wird er noch weiser werden; lehre den Gerechten, so wird er in der Lehre zunehmen.

10 Der Weisheit Anfang ist des HERRN Furcht, und den Heiligen erkennen ist Verstand.

11 Denn durch mich werden deiner Tage viel werden und werden dir der Jahre des Lebens mehr werden.

12 Bist du weise, so bist du dir weise; bist du ein Spötter, so wirst du es allein tragen.

13 Es ist aber ein törichtes, wildes Weib, voll Schwätzens, und weiß nichts;

14 die sitzt in der Tür ihres Hauses auf dem Stuhl, oben in der Stadt,

15 zu laden alle, die vorübergehen und richtig auf ihrem Wege wandeln:

16 "Wer unverständig ist, der mache sich hierher!", und zum Narren spricht sie:

17 "Die gestohlenen Wasser sind süß, und das verborgene Brot schmeckt wohl."

18 Er weiß aber nicht, daß daselbst Tote sind und ihre Gäste in der tiefen Grube.

Zweiter Teil

Der Gerechte hat für immer Bestand

10 Kapitel

Segen der Gerechtigkeit,
Unsegen der Sünde.

1 Dies sind die Sprüche Salomos. Ein weiser Sohn ist seines Vaters Freude; aber ein törichter Sohn ist seiner Mutter Grämen.

2 Unrecht Gut hilft nicht; aber Gerechtigkeit errettet vor dem Tode.

3 Der HERR läßt die Seele des Gerechten nicht Hunger leiden; er stößt aber weg der Gottlosen Begierde.

4 Lässige Hand macht arm; aber der Fleißigen Hand macht reich.

5 Wer im Sommer sammelt, der ist klug; wer aber in der Ernte schläft, wird zu Schanden.

6 Den Segen hat das Haupt des Gerechten; aber den Mund der Gottlosen wird ihr Frevel überfallen.

7 Das Gedächtnis der Gerechten bleibt im Segen; aber der Gottlosen Name wird verwesen.

8 Wer weise von Herzen ist nimmt die Gebote an; wer aber ein Narrenmaul hat, wird geschlagen.

9 Wer unschuldig lebt, der lebt sicher; wer aber verkehrt ist auf seinen Wegen, wird offenbar werden.

10 Wer mit Augen winkt, wird Mühsal anrichten; und der ein Narrenmaul hat, wird geschlagen.

11 Des Gerechten Mund ist ein Brunnen des Lebens; aber den Mund der Gottlosen wird ihr Frevel überfallen.

12 Haß erregt Hader; aber Liebe deckt zu alle Übertretungen.

13 In den Lippen des Verständigen findet man Weisheit; aber auf den Rücken der Narren gehört eine Rute.

14 Die Weisen bewahren die Lehre; aber der Narren Mund ist nahe dem Schrecken.

15 Das Gut des Reichen ist seine feste Stadt; aber die Armen macht die Armut blöde.

16 Der Gerechte braucht sein Gut zum Leben; aber der Gottlose braucht sein Einkommen zur Sünde.

17 Die Zucht halten ist der Weg zum

Leben; wer aber der Zurechtweisung nicht achtet, der bleibt in der Irre.

18 Falsche Mäuler bergen Haß; und wer verleumdet, der ist ein Narr.

19 Wo viel Worte sind, da geht's ohne Sünde nicht ab; wer aber seine Lippen hält, ist klug.

20 Des Gerechten Zunge ist köstliches Silber; aber der Gottlosen Herz ist wie nichts.

21 Des Gerechten Lippen weiden viele; aber die Narren werden an ihrer Torheit sterben.

22 Der Segen des HERRN macht reich ohne Mühe.

23 Ein Narr treibt Mutwillen und hat dazu noch seinen Spott; aber der Mann ist weise, der aufmerkt.

24 Was der Gottlose fürchtet, das wird ihm begegnen; und was die Gerechten begehren, wird ihnen gegeben.

25 Der Gottlose ist wie ein Wetter, das vorübergeht und nicht mehr ist; der Gerechte aber besteht ewiglich.

26 Wie der Essig den Zähnen und der Rauch den Augen tut, so tut der Faule denen, die ihn senden.

27 Die Furcht des HERRN mehrt die Tage; aber die Jahre der Gottlosen werden verkürzt.

28 Das Warten der Gerechten wird Freude werden; aber der Gottlosen Hoffnung wird verloren sein.

29 Der Weg des HERRN ist des Frommen Trotz; aber die Übeltäter sind blöde.

30 Der Gerechte wird nimmermehr umgestoßen; aber die Gottlosen werden nicht im Lande bleiben.

31 Der Mund des Gerechten bringt Weisheit; aber die Zunge der Verkehrten wird ausgerottet.

32 Die Lippen der Gerechten lehren heilsame Dinge; aber der Gottlosen Mund ist verkehrt.

11. Kapitel

Glück des Frommen, Unglück des Bösen.

1 Falsche Waage ist dem HERRN ein Gräuel; aber völliges Gewicht ist sein Wohlgefallen.

2 Wo Stolz ist, da ist auch Schmach; aber Weisheit ist bei den Demütigen.

3 Unschuld wird die Frommen leiten; aber die Bosheit wird die Verächter verstören.

4 Gut hilft nicht am Tage des Zorns; aber Gerechtigkeit errettet vom Tod.

5 Die Gerechtigkeit des Frommen macht seinen Weg eben; aber der Gottlose wird fallen durch sein gottloses Wesen.

6 Die Gerechtigkeit der Frommen wird sie erretten; aber die Verächter werden gefangen in ihrer Bosheit.

7 Wenn der gottlose Mensch stirbt, ist seine Hoffnung verloren und das Harren des Ungerechten wird zunichte.

8 Der Gerechte wird aus seiner Not erlöst, und der Gottlose kommt an seine Statt.

9 Durch den Mund des Heuchlers wird sein Nächster verderbt; aber die Gerechten merken's und werden erlöst.

10 Eine Stadt freut sich, wenn's den Gerechten wohl geht; und wenn die Gottlosen umkommen, wird man froh.

11 Durch den Segen der Frommen wird eine Stadt erhoben; aber durch den Mund

der Gottlosen wird sie zerbrochen.

12 Wer seinen Nächsten schändet, ist ein Narr; aber ein verständiger Mann schweigt still.

13 Ein Verleumder verrät, was er heimlich weiß; aber wer eines getreuen Herzens ist, verbirgt es.

14 Wo nicht Rat ist, da geht das Volk unter; wo aber viel Ratgeber sind, da geht es wohl zu.

15 Wer für einen andern Bürge wird, der wird Schaden haben; wer aber sich vor Geloben hütet, ist sicher.

16 Ein holdselig Weib erlangt Ehre; aber die Tyrannen erlangen Reichtum.

17 Ein barmherziger Mann tut sich selber Gutes; aber ein unbarmherziger betrübt auch sein eigen Fleisch.

18 Der Gottlosen Arbeit wird fehlschlagen; aber wer Gerechtigkeit sät, das ist gewisses Gut.

19 Gerechtigkeit fördert zum Leben; aber dem Übel nachjagen fördert zum Tod.

20 Der HERR hat Gräuel an den verkehrten Herzen, und Wohlgefallen an den Frommen.

21 Den Bösen hilft nichts, wenn sie auch alle Hände zusammentäten; aber der Gerechten Same wird errettet werden.

22 Ein schönes Weib ohne Zucht ist wie eine Sau mit einem goldenen Haarband.

23 Der Gerechten Wunsch muß doch wohl geraten, und der Gottlosen Hoffen wird Unglück.

24 Einer teilt aus und hat immer mehr; ein anderer kargt, da er nicht soll, und wird doch ärmer.

25 Die Seele, die da reichlich segnet, wird gelabt; wer reichlich tränkt, der wird auch getränkt werden.

26 Wer Korn innehält, dem fluchen die Leute; aber Segen kommt über den, der es verkauft.

27 Wer da Gutes sucht, dem widerfährt Gutes; wer aber nach Unglück ringt, dem wird's begegnen.

28 Wer sich auf seinen Reichtum verläßt, der wird untergehen; aber die Gerechten werden grünen wie ein Blatt.

29 Wer sein eigen Haus betrübt, der wird Wind zum Erbteil haben; und ein Narr muß ein Knecht des Weisen sein.

30 Die Frucht des Gerechten ist ein

Baum des Lebens, und ein Weiser gewinnt die Herzen.

31 So der Gerechte auf Erden leiden muß, wie viel mehr der Gottlose und der Sünder!

12. Kapitel

Betragen des Weisen und des Toren.

1 Wer sich gern läßt strafen, der wird klug werden; wer aber ungestraft sein will, der bleibt ein Narr.

2 Wer fromm ist, der bekommt Trost vom HERRN; aber ein Ruchloser verdammt sich selbst.

3 Ein gottlos Wesen fördert den Menschen nicht; aber die Wurzel der Gerechten wird bleiben.

4 Ein tugendsam Weib ist eine Krone ihres Mannes; aber eine böse ist wie Eiter in seinem Gebein.

5 Die Gedanken der Gerechten sind redlich; aber die Anschläge der Gottlosen sind Trügerei.

6 Der Gottlosen Reden richten Blut-

vergießen an; aber der Frommen Mund errettet.

7 Die Gottlosen werden umgestürzt und nicht mehr sein; aber das Haus der Gerechten bleibt stehen.

8 Eines weisen Mannes Rat wird gelobt; aber die da tückisch sind, werden zu Schanden.

9 Wer gering ist und wartet des Seinen, der ist besser, denn der groß sein will, und des Brotes mangelt.

10 Der Gerechte erbarmt sich seines Viehs; aber das Herz der Gottlosen ist unbarmherzig.

11 Wer seinen Acker baut, der wird Brot die Fülle haben; wer aber unnötigen Sachen nachgeht, der ist ein Narr.

12 Des Gottlosen Lust ist, Schaden zu tun; aber die Wurzel der Gerechten wird Frucht bringen.

13 Der Böse wird gefangen in seinen eigenen falschen Worten; aber der Gerechte entgeht der Angst.

14 Viel Gutes kommt dem Mann durch die Frucht des Mundes; und dem Menschen wird vergolten, nach dem seine Hände verdient haben.

15 Dem Narren gefällt seine Weise wohl; aber wer auf Rat hört, der ist weise.

16 Ein Narr zeigt seinen Zorn alsbald; aber wer die Schmach birgt, ist klug.

17 Wer wahrhaftig ist, der sagt frei, was recht ist; aber ein falscher Zeuge betrügt.

18 Wer unvorsichtig herausfährt, sticht wie ein Schwert; aber die Zunge der Weisen ist heilsam.

19 Wahrhaftiger Mund besteht ewiglich; aber die falsche Zunge besteht nicht lange.

20 Die, so Böses raten, betrügen; aber die zum Frieden raten, schaffen Freude.

21 Es wird dem Gerechten kein Leid geschehen; aber die Gottlosen werden voll Unglück sein.

22 Falsche Mäuler sind dem HERRN ein Gräuel; die aber treulich handeln, gefallen ihm wohl.

23 Ein verständiger Mann trägt nicht Klugheit zur Schau; aber das Herz der Narren ruft seine Narrheit aus.

24 Fleißige Hand wird herrschen; die aber lässig ist, wird müssen zinsen. [Die Hand der Fleissigen wird herrschen, die träge aber muss Frondienst tun. (7) Die

Fleißigen werden als Meister tätig sein, die Trägen aber müssen Zwangsarbeit verrichten. (8)]

25 Sorge im Herzen kränkt, aber ein freundliches Wort erfreut.

26 Der Gerechte hat's besser denn sein Nächster; aber der Gottlosen Weg verführt sie.

27 Einem Lässigen gerät sein Handel nicht; aber ein fleißiger Mensch wird reich.

28 Auf dem Wege der Gerechtigkeit ist Leben, und auf ihrem gebahnten Pfad ist kein Tod.

13. Kapitel

Fernere Beschreibung des weisen und des törichten Verhaltens.

1 Ein weiser Sohn läßt sich vom Vater züchtigen; aber ein Spötter gehorcht der Strafe nicht.

2 Die Frucht des Mundes genießt man; aber die Verächter denken nur zu freveln.

3 Wer seinen Mund bewahrt, der bewahrt sein Leben; wer aber mit seinem Maul herausfährt, der kommt in Schrecken.

4 Der Faule begehrt und kriegt's doch nicht; aber die Fleißigen kriegen genug.

5 Der Gerechte ist der Lüge feind; aber der Gottlose schändet und schmäht sich selbst.

6 Die Gerechtigkeit behütet den Unschuldigen; aber das gottlose Wesen bringt zu Fall den Sünder.

7 Mancher ist arm bei großem Gut, und mancher ist reich bei seiner Armut.

8 Mit Reichtum kann einer sein Leben erretten; aber ein Armer hört kein Schelten. [Lösegeld für das Leben ist manchem sein Reichtum, doch ein Armer bekommt keine Drohung zu hören. (9)]

9 Das Licht der Gerechten brennt fröhlich; aber die Leuchte der Gottlosen wird auslöschen.

10 Unter den Stolzen ist immer Hader; aber Weisheit ist bei denen, die sich raten lassen.

11 Reichtum wird wenig, wo man's

vergeudet; was man aber zusammenhält, das wird groß.

12 Die Hoffnung, die sich verzieht, ängstet das Herz; wenn's aber kommt, was man begehrt, das ist wie ein Baum des Lebens. [Unerfüllte Hoffnung macht das Herz krank, ein Baum des Lebens aber ist ein erfüllter Wunsch. (10)]

13 Wer das Wort verachtet, der verderbt sich selbst; wer aber das Gebot fürchtet, dem wird's vergolten.

14 Die Lehre des Weisen ist eine Quelle des Lebens, zu meiden die Stricke des Todes.

15 Feine Klugheit schafft Gunst; aber der Verächter Weg bringt Wehe.

16 Ein Kluger tut alles mit Vernunft; ein Narr aber breitet Narrheit aus.

17 Ein gottloser Bote bringt Unglück; aber ein treuer Bote ist heilsam.

18 Wer Zucht läßt fahren, der hat Armut und Schande; wer sich gerne strafen läßt, wird zu ehren kommen.

19 Wenn's kommt, was man begehrt, das tut dem Herzen wohl; aber das Böse meiden ist den Toren ein Gräuel.

20 Wer mit den Weisen umgeht, der

wird weise; wer aber der Narren Geselle ist, der wird Unglück haben.

21 Unglück verfolgt die Sünder; aber den Gerechten wird Gutes vergolten.

22 Der Gute wird vererben auf Kindeskind; aber des Sünders Gut wird für den Gerechten gespart.

23 Es ist viel Speise in den Furchen der Armen; aber die Unrecht tun, verderben.

24 Wer seine Rute schont, der haßt seinen Sohn; wer ihn aber liebhat, der züchtigt ihn bald.

25 Der Gerechte ißt, daß sein Seele satt wird; der Gottlosen Bauch aber hat nimmer genug.

14. Kapitel

*Lob der wahren Weisheit
im menschlichen Leben.*

1 Durch weise Weiber wird das Haus erbaut; eine Närrin aber zerbricht's mit ihrem Tun.

2 Wer den HERRN fürchtet, der wandelt auf rechter Bahn; wer ihn aber verachtet,

der geht auf Abwegen.

3 Narren reden tyrannisch; aber die Weisen bewahren ihren Mund.

4 Wo nicht Ochsen sind, da ist die Krippe rein; aber wo der Ochse geschäftig ist, da ist viel Einkommen.

5 Ein treuer Zeuge lügt nicht; aber ein Falscher Zeuge redet frech Lügen.

6 Der Spötter sucht Weisheit, und findet sie nicht; aber dem Verständigen ist die Erkenntnis leicht.

7 Gehe von dem Narren; denn du lernst nichts von ihm.

8 Das ist des Klugen Weisheit, daß er auf seinen Weg merkt; aber der Narren Torheit ist eitel Trug.

9 Die Narren treiben das Gespött mit der Sünde; aber die Frommen haben Lust an den Frommen.

10 Das Herz kennt sein eigen Leid, und in seine Freude kann sich kein Fremder mengen.

11 Das Haus der Gottlosen wird vertilgt; aber die Hütte der Frommen wird grünen.

12 Es gefällt manchem ein Weg wohl; aber endlich bringt er ihn zum Tode.

13 Auch beim Lachen kann das Herz trauern, und nach der Freude kommt Leid.

14 Einem losen Menschen wird's gehen wie er handelt; aber ein Frommer wird über ihn sein.

15 Ein Unverständiger glaubt alles; aber ein Kluger merkt auf seinen Gang.

16 Ein Weiser fürchtet sich und meidet das Arge; ein Narr aber fährt trotzig hindurch.

17 Ein Ungeduldiger handelt töricht; aber ein Bedächtiger haßt es.

18 Die Unverständigen erben Narrheit; aber es ist der Klugen Krone, vorsichtig handeln.

19 Die Bösen müssen sich bücken vor dem Guten und die Gottlosen in den Toren des Gerechten.

20 Einen Armen hassen auch seine Nächsten; aber die Reichen haben viele Freunde.

21 Der Sünder verachtet seinen Nächsten; aber wohl dem, der sich der Elenden erbarmt!

22 Die mit bösen Ränken umgehen, werden fehlgehen; die aber Gutes

denken, denen wird Treue und Güte widerfahren.

23 Wo man arbeitet, da ist genug; wo man aber mit Worten umgeht, da ist Mangel.

24 Den Weisen ist ihr Reichtum eine Krone; aber die Torheit der Narren bleibt Torheit.

25 Ein treuer Zeuge errettet das Leben; aber ein falscher Zeuge betrügt.

26 Wer den HERRN fürchtet, der hat eine sichere Festung, und seine Kinder werden auch beschirmt.

27 Die Furcht des HERRN ist eine Quelle des Lebens, daß man meide die Stricke des Todes.

28 Wo ein König viel Volks hat, das ist seine Herrlichkeit; wo aber wenig Volks ist, das macht einen Herrn blöde.

29 Wer geduldig ist, der ist weise; wer aber ungeduldig ist, der offenbart seine Torheit.

30 Ein gütiges Herz ist des Leibes Leben; aber Neid ist Eiter in den Gebeinen.

31 Wer dem Geringen Gewalt tut, der lästert desselben Schöpfer; aber wer sich

des Armen erbarmt, der ehrt Gott.

32 Der Gottlose besteht nicht in seinem Unglück; aber der Gerechte ist auch in seinem Tod getrost.

33 Im Herzen des Verständigen ruht Weisheit, und wird offenbar unter den Narren.

34 Gerechtigkeit erhöhet ein Volk; aber die Sünde ist der Leute Verderben.

35 Ein kluger Knecht gefällt dem König wohl; aber einem schändlichen Knecht ist er feind.

15. Kapitel

Weisheit bringt Heil;
Torheit und Sünde schafft nur Unheil.

1 Eine linde Antwort stillt den Zorn; aber ein hartes Wort richtet Grimm an.

2 Der Weisen Zunge macht die Lehre lieblich; der Narren Mund speit eitel Narrheit.

3 Die Augen des HERRN schauen an allen Orten beide, die Bösen und die Frommen.

4 Eine heilsame Zunge ist ein Baum des Lebens; aber eine lügenhafte macht Herzeleid.

5 Der Narr lästert die Zucht seines Vaters; wer aber Strafe annimmt, der wird klug werden.

6 In des Gerechten Haus ist Guts genug; aber in dem Einkommen des Gottlosen ist Verderben.

7 Der Weisen Mund streut guten Rat; aber der Narren Herz ist nicht richtig.

8 Der Gottlosen Opfer ist dem HERRN ein Gräuel; aber das Gebet der Frommen ist ihm angenehm.

9 Der Gottlosen Weg ist dem HERRN ein Gräuel; wer aber der Gerechtigkeit nachjagt, den liebt er.

10 Den Weg verlassen bringt böse Züchtigung, und wer Strafe haßt, der muß sterben.

11 Hölle und Abgrund ist vor dem HERRN; wie viel mehr der Menschen Herzen!

12 Der Spötter liebt den nicht, der ihn straft, und geht nicht zu den Weisen.

13 Ein fröhlich Herz macht ein fröhlich Angesicht; aber wenn das Herz

bekümmert ist, so fällt auch der Mut.

14 Ein kluges Herz handelt bedächtig; aber der Narren Mund geht mit Torheit um.

15 Ein Betrübter hat nimmer einen guten Tag; aber ein guter Mut ist ein täglich Wohlleben.

16 Es ist besser ein wenig mit der Furcht des HERRN denn großer Schatz, darin Unruhe ist. [Besser wenig in der Furcht des HERRN als ein großer Schatz und keine Ruhe. (11)]

17 Es ist besser ein Gericht Kraut mit Liebe, denn ein gemästeter Ochse mit Haß.

18 Ein zorniger Mann richtet Hader an; ein Geduldiger aber stillt den Zank.

19 Der Weg des Faulen ist dornig; aber der Weg des Frommen ist wohl gebahnt.

20 Ein weiser Sohn erfreut den Vater, und ein törichter Mensch ist seiner Mutter Schande.

21 Dem Toren ist die Torheit eine Freude; aber ein verständiger Mann bleibt auf dem rechten Wege.

22 Die Anschläge werden zunichte, wo

nicht Rat ist; wo aber viel Ratgeber sind, bestehen sie.

23 Es ist einem Manne eine Freude, wenn er richtig antwortet; und ein Wort zu seiner Zeit ist sehr lieblich.

24 Der Weg des Lebens geht überwärts für den Klugen, auf daß er meide die Hölle unterwärts.

25 Der HERR wird das Haus des Hoffärtigen zerbrechen und die Grenze der Witwe bestätigen.

26 Die Anschläge des Argen sind dem HERRN ein Gräuel; aber freundlich reden die Reinen.

27 Der Geizige verstört sein eigen Haus; wer aber Geschenke haßt, der wird leben.

28 Das Herz des Gerechten ersinnt, was zu antworten ist; aber der Mund der Gottlosen schäumt Böses.

29 Der HERR ist fern von den Gottlosen; aber der Gerechten Gebet erhört er.

30 Freundlicher Anblick erfreut das Herz; eine gute Botschaft labt das Gebein.

31 Das Ohr, das da hört die Strafe des Lebens, wird unter den Weisen wohnen.

32 Wer sich nicht ziehen läßt, der macht

sich selbst zunichte; wer aber auf Strafe hört, der wird klug.

33 Die Furcht des HERRN ist Zucht und Weisheit; und ehe man zu Ehren kommt, muß man zuvor leiden.

16. Kapitel

Gott sieht auf des Menschen tun.

1 Der Mensch setzt sich's wohl vor im Herzen; aber vom HERRN kommt, was die Zunge reden soll.

2 Einem jeglichen dünken seine Wege rein; aber der HERR wägt die Geister.

3 Befiehl dem HERRN deine Werke, so werden deine Anschläge fortgehen.

4 Der HERR macht alles zu bestimmtem Ziel, auch den Gottlosen für den bösen Tag.

5 Ein stolzes Herz ist dem HERRN ein Gräuel und wird nicht ungestraft bleiben, wenn sie gleich alle aneinander hängen.

6 Durch Güte und Treue wird Missetat versöhnt, und durch die Furcht des HERRN meidet man das Böse.

7 Wenn jemands Wege dem HERRN wohl gefallen, so macht er auch seine Feinde mit ihm zufrieden.

8 Es ist besser ein wenig mit Gerechtigkeit denn viel Einkommen mit Unrecht.

9 Des Menschen Herz erdenkt sich seinen Weg; aber der HERR allein gibt, daß er fortgehe.

10 Weissagung ist in dem Munde des Königs; sein Mund fehlt nicht im Gericht.

11 Rechte Waage und Gewicht ist vom HERRN; und alle Pfunde im Sack sind seine Werke.

12 Den Königen ist Unrecht tun ein Gräuel; denn durch Gerechtigkeit wird der Thron befestigt.

13 Recht raten gefällt den Königen; und wer aufrichtig redet, wird geliebt.

14 Des Königs Grimm ist ein Bote des Todes; aber ein weiser Mann wird ihn versöhnen.

15 Wenn des Königs Angesicht freundlich ist, das ist Leben, und seine Gnade ist wie ein Spätregen.

16 Nimm an die Weisheit, denn sie ist

besser als Gold; und Verstand haben ist edler als Silber.

17 Der Frommen Weg meidet das Arge; und wer seinen Weg bewahrt, der erhält sein Leben.

18 Wer zu Grunde gehen soll, der wird zuvor stolz; und Hochmut kommt vor dem Fall.

19 Es ist besser niedrigen Gemüts sein mit den Elenden, denn Raub austeilen mit den Hoffärtigen.

20 Wer eine Sache klüglich führt, der findet Glück; und wohl dem, der sich auf den HERRN verläßt!

21 Ein Verständiger wird gerühmt für einen weisen Mann, und liebliche Reden lehren wohl.

22 Klugheit ist wie ein Brunnen des Lebens dem, der sie hat; aber die Zucht der Narren ist Narrheit.

23 Ein weises Herz redet klug und lehrt wohl.

24 Die Reden des Freundlichen sind Honigseim, trösten die Seele und erfrischen die Gebeine.

25 Manchem gefällt ein Weg wohl; aber zuletzt bringt er ihn zum Tode.

26 Mancher kommt zu großem Unglück durch sein eigen Maul.

27 Ein loser Mensch gräbt nach Unglück, und in seinem Maul brennt Feuer.

28 Ein verkehrter Mensch richtet Hader an, und ein Verleumder macht Freunde uneins.

29 Ein Frevler lockt seinen Nächsten und führt ihn auf keinen guten Weg.

30 Wer mit den Augen winkt, denkt nichts Gutes; und wer mit den Lippen andeutet, vollbringt Böses.

31 Graue Haare sind eine Krone der Ehren, die auf dem Wege der Gerechtigkeit gefunden wird.

32 Ein Geduldiger ist besser denn ein Starker, und der seines Mutes Herr ist, denn der Städte gewinnt. [Besser ein Langmütiger als ein Held, und besser, wer seinen Geist beherrscht, als wer eine Stadt erobert. (12)]

33 Das Los wird geworfen in den Schoß; aber es fällt, wie der HERR will.

17. Kapitel

Weisheit und Torheit, besonders im Reden.

1 Es ist ein trockner Bissen, daran man sich genügen läßt, besser denn ein Haus voll Geschlachtetes mit Hader.

2 Ein kluger Knecht wird herrschen über unfleißige Erben und wird unter den Brüdern das Erbe austeilen.

3 Wie das Feuer Silber und der Ofen Gold, also prüft der HERR die Herzen.

4 Ein Böser achtet auf böse Mäuler, und ein Falscher gehorcht den schädlichen Zungen.

5 Wer des Dürftigen spottet, der höhnt desselben Schöpfer; und wer sich über eines andern Unglück freut, der wird nicht ungestraft bleiben.

6 Der Alten Krone sind Kindeskinder, und der Kinder Ehre sind ihre Väter.

7 Es steht einem Narren nicht wohl an, von hohen Dingen reden, viel weniger einem Fürsten, daß er gern lügt.

8 Wer zu schenken hat, dem ist's ein Edelstein; wo er sich hin kehrt, ist er klug geachtet.

9 Wer Sünde zudeckt, der macht Freundschaft; wer aber die Sache aufrührt, der macht Freunde uneins.

10 Schelten bringt mehr ein an dem Verständigen denn hundert Schläge an dem Narren.

11 Ein bitterer Mensch trachtet, eitel Schaden zu tun; aber es wird ein grimmiger Engel über ihn kommen.

12 Es ist besser, einem Bären begegnen, dem die Jungen geraubt sind, denn einem Narren in seiner Narrheit.

13 Wer Gutes mit Bösem vergilt, von dessen Haus wird Böses nicht lassen.

14 Wer Hader anfängt, ist gleich dem, der dem Wasser den Damm aufreißt. Laß du vom Hader, ehe du drein gemengt wirst.

15 Wer den Gottlosen gerechtspricht und den Gerechten verdammt, die sind beide dem HERRN ein Gräuel.

16 Was soll dem Narren Geld in der Hand, Weisheit zu kaufen, so er doch ein Narr ist?

17 Ein Freund liebt allezeit, und als ein Bruder wird er in Not erfunden.

18 Es ist ein Narr, der in die Hand gelobt und Bürge wird für seinen Nächsten.

19 Wer Zank liebt, der liebt Sünde; und wer seine Türe hoch macht, ringt nach Einsturz.

20 Ein verkehrtes Herz findet nichts Gutes; und der verkehrter Zunge ist, wird in Unglück fallen.

21 Wer einen Narren zeugt, der hat Grämen; und eines Narren Vater hat keine Freude.

22 Ein fröhlich Herz macht das Leben lustig; aber ein betrübter Mut vertrocknet das Gebein.

23 Der Gottlose nimmt heimlich gern Geschenke, zu beugen den Weg des Rechts.

24 Ein Verständiger gebärdet sich weise; ein Narr wirft die Augen hin und her.

25 Ein törichter Sohn ist seines Vaters Trauern und Betrübnis der Mutter, die ihn geboren hat.

26 Es ist nicht gut, daß man den Gerechten schindet, noch den Edlen zu schlagen, der recht handelt.

27 Ein Vernünftiger mäßigt seine Rede;

und ein verständiger Mann ist kaltes Muts. [Wer seine Worte zurückhält, hat Erkenntnis, und wer kühl überlegt, ist ein einsichtiger Mann. (13)]

28 Ein Narr, wenn er schwiege, würde auch für weise gerechnet, und für verständig, wenn er das Maul hielte.

18. Kapitel

Freundschaft und Verträglichkeit.

1 Wer sich absondert, der sucht, was ihn gelüstet, und setzt sich wider alles, was gut ist.

2 Ein Narr hat nicht Lust am Verstand, sondern kundzutun, was in seinem Herzen steckt.

3 Wo der Gottlose hin kommt, da kommt Verachtung und Schmach mit Hohn.

4 Die Worte in eines Mannes Munde sind wie tiefe Wasser, und die Quelle der Weisheit ist ein voller Strom.

5 Es ist nicht gut, die Person des Gottlosen achten, zu beugen den Gerechten im Gericht.

6 Die Lippen des Narren bringen Zank, und sein Mund ringt nach Schlägen.

7 Der Mund des Narren schadet ihm selbst, und seine Lippen fangen seine eigene Seele.

8 Die Worte des Verleumders sind Schläge und gehen einem durchs Herz.

9 Wer lässig ist in seiner Arbeit, der ist ein Bruder des, der das Seine umbringt.

10 Der Name des HERRN ist ein festes Schloß; der Gerechte läuft dahin und wird beschirmt.

11 Das Gut des Reichen ist ihm eine feste Stadt und wie hohe Mauern in seinem Dünkel.

12 Wenn einer zu Grunde gehen soll, wird sein Herz zuvor stolz; und ehe man zu Ehren kommt, muß man zuvor leiden.

13 Wer antwortet ehe er hört, dem ist's Narrheit und Schande.

14 Wer ein fröhlich Herz hat, der weiß sich in seinem Leiden zu halten; wenn aber der Mut liegt, wer kann's tragen?

15 Ein verständiges Herz weiß sich vernünftig zu halten; und die Weisen hören gern, wie man vernünftig handelt.

16 Das Geschenk des Menschen macht

ihm Raum und bringt ihn vor die großen Herren.

17 Ein jeglicher ist zuerst in seiner Sache gerecht; kommt aber sein Nächster hinzu, so findet sich's.

18 Das Los stillt den Hader und scheidet zwischen den Mächtigen.

19 Ein verletzter Bruder hält härter denn eine feste Stadt, und Zank hält härter denn Riegel am Palast.

20 Einem Mann wird vergolten, darnach sein Mund geredet hat, und er wird gesättigt von der Frucht seiner Lippen.

21 Tod und Leben steht in der Zunge Gewalt; wer sie liebt, der wird von ihrer Frucht essen.

22 Wer eine Ehefrau findet, der findet etwas Gutes und kann guter Dinge sein im HERRN.

23 Ein Armer redet mit Flehen, ein Reicher antwortet stolz.

24 Ein treuer Freund liebt mehr und steht fester bei denn ein Bruder.

19. Kapitel

Fromme Armut. Schaden der Torheit,
der Faulheit und der Spötterei.

1 Ein Armer, der in seiner Frömmigkeit wandelt, ist besser denn ein Verkehrter mit seinen Lippen, der doch ein Narr ist.

2 Wo man nicht mit Vernunft handelt, da geht's nicht wohl zu; und wer schnell ist mit Füßen, der tut sich Schaden.

3 Die Torheit eines Menschen verleitet seinen Weg, und doch tobt sein Herz wider den HERRN.

4 Gut macht viele Freunde; aber der Arme wird von seinen Freunden verlassen.

5 Ein falscher Zeuge bleibt nicht ungestraft; und wer Lügen frech redet, wird nicht entrinnen.

6 Viele schmeicheln der Person des Fürsten; und alle sind Freunde des, der Geschenke gibt.

7 Den Armen hassen alle seine Brüder; wie viel mehr halten sich seine Freunde von ihm fern! Und wer sich auf Worte verläßt, dem wird nichts.

8 Wer klug wird, liebt sein Leben; und der Verständige findet Gutes.

9 Ein falscher Zeuge bleibt nicht ungestraft; und wer frech Lügen redet, wird umkommen.

10 Dem Narren steht nicht wohl an, gute Tage haben, viel weniger einem Knecht, zu herrschen über Fürsten.

11 Wer geduldig ist, der ist ein kluger Mensch, und ist ihm eine Ehre, daß er Untugend überhören kann.

12 Die Ungnade des Königs ist wie das Brüllen eines jungen Löwen; aber seine Gnade ist wie der Tau auf dem Grase.

13 Ein törichter Sohn ist seines Vaters Herzeleid, und ein zänkisches Weib ein stetiges Triefen.

14 Haus und Güter vererben die Eltern; aber ein vernünftiges Weib kommt vom HERRN.

15 Faulheit bringt Schlafen, und eine lässige Seele wird Hunger leiden.

16 Wer das Gebot bewahrt, der bewahrt sein Leben; wer aber seines Weges nicht achtet, wird sterben.

17 Wer sich des Armen erbarmt, der

leihet dem HERRN; der wird ihm wieder Gutes vergelten.

18 Züchtige deinen Sohn, solange Hoffnung da ist; aber laß deine Seele nicht bewegt werden, ihn zu töten.

19 Großer Grimm muß Schaden leiden; denn willst du ihn steuern, so wird er noch größer. [Wer jähzornig ist, muss bestraft werden, denn wenn du ihn schonst, machst du es noch schlimmer. (14)]

20 Gehorche dem Rat, und nimm Zucht an, daß du hernach weise seiest.

21 Es sind viel Anschläge in eines Mannes Herzen; aber der Rat des HERRN besteht.

22 Ein Mensch hat Lust an seiner Wohltat; und ein Armer ist besser denn ein Lügner.

23 Die Furcht des HERRN fördert zum Leben, und wird satt bleiben, daß kein Übel sie heimsuchen wird.

24 Der Faule verbirgt seine Hand im Topf und bringt sie nicht wieder zum Munde.

25 Schlägt man den Spötter, so wird der Unverständige klug; straft man einen

Verständigen, so wird er vernünftig.

26 Wer Vater verstört und Mutter verjagt, der ist ein schändliches und verfluchtes Kind.

27 Laß ab, mein Sohn, zu hören die Zucht, und doch abzuirren von vernünftiger Lehre.

28 Ein loser Zeuge spottet des Rechts, und der Gottlosen Mund verschlingt das Unrecht.

29 Den Spöttern sind Strafen bereitet, und Schläge auf der Narren Rücken.

20. Kapitel

Warnung vor Völlerei
und ungestümem Wesen.

1 Der Wein macht lose Leute, und starkes Getränk macht wild; wer dazu Lust hat, wird nimmer weise.

2 Das Schrecken des Königs ist wie das Brüllen eines jungen Löwen; wer ihn erzürnt, der sündigt wider sein Leben.

3 Es ist dem Mann eine Ehre, vom Hader

bleiben; aber die gern Hadern, sind allzumal Narren.

4 Um der Kälte willen will der Faule nicht pflügen; so muß er in der Ernte betteln und nichts kriegen.

5 Der Rat im Herzen eines Mannes ist wie tiefe Wasser; aber ein Verständiger kann's merken, was er meint.

6 Viele Menschen werden fromm gerühmt; aber wer will finden einen, der rechtschaffen fromm sei?

7 Ein Gerechter, der in seiner Frömmigkeit wandelt, des Kindern wird's wohl gehen nach ihm.

8 Ein König, der auf seinem Stuhl sitzt, zu richten, zerstreut alles Arge mit seinen Augen.

9 Wer kann sagen: Ich bin rein in meinem Herzen und lauter von meiner Sünde?

10 Mancherlei Gewicht und Maß ist beides Gräuel dem HERRN. [Zweierlei Gewicht und zweierlei Maß, die sind alle beide dem HERRN ein Gräuel. (15)]

11 Auch einen Knaben kennt man an seinem Wesen, ob er fromm und redlich werden will.

12 Ein hörend Ohr und sehend Auge, die macht beide der HERR.

13 Liebe den Schlaf nicht, daß du nicht arm werdest; laß deine Augen wacker sein, so wirst du Brot genug haben.

14 "Böse, böse!" spricht man, wenn man's hat; aber wenn's weg ist, so rühmt man es dann.

15 Es gibt Gold und viele Perlen; aber ein vernünftiger Mund ist ein edles Kleinod.

16 Nimm dem sein Kleid, der für einen andern Bürge wird, und pfände ihn um des Fremden willen.

17 Das gestohlene Brot schmeckt dem Manne wohl; aber hernach wird ihm der Mund voll Kieselsteine werden.

18 Anschläge bestehen, wenn man sie mit Rat führt; und Krieg soll man mit Vernunft führen.

19 Sei unverworren mit dem, der Heimlichkeit offenbart, und mit dem Verleumder und mit dem falschen Maul.

20 Wer seinem Vater und seiner Mutter flucht, des Leuchte wird verlöschen mitten in der Finsternis.

21 Das Erbe, darnach man zuerst sehr

eilt wird zuletzt nicht gesegnet sein.

22 Sprich nicht: Ich will Böses vergelten! Harre des HERRN, der wird dir helfen.

23 Mancherlei Gewicht ist ein Gräuel dem HERRN, und eine falsche Waage ist nicht gut.

24 Jedermanns Gänge kommen vom HERRN. Welcher Mensch versteht seinen Weg?

25 Es ist dem Menschen ein Strick, sich mit Heiligem übereilen und erst nach den Geloben überlegen. [Vorschnell zu geloben und erst danach zu überlegen, ist eine Falle für den Menschen. (16)]

26 Ein weiser König zerstreut die Gottlosen und bringt das Rad über sie.

27 Eine Leuchte des HERRN ist des Menschen Geist; die geht durch alle Kammern des Leibes.

28 Fromm und wahrhaftig sein behütet den König, und sein Thron besteht durch Frömmigkeit.

29 Der Jünglinge Stärke ist ihr Preis; und graues Haar ist der Alten Schmuck.

30 Man muß dem Bösen wehren mit harter Strafe und mit ernsten Schlägen, die man fühlt.

21. Kapitel

*Gottes Vorsehung lenkt die Herzen und
Wege der Menschen.*

1 Des Königs Herz ist in der Hand des
HERRN wie Wasserbäche, und er neigt es
wohin er will.

2 Einen jeglichen dünkt sein Weg recht;
aber der HERR wägt die Herzen.

3 Wohl und recht tun ist dem HERRN
lieber denn Opfer.

4 Hoffärtige Augen und stolzer Mut, die
Leuchte der Gottlosen, ist Sünde.

5 Die Anschläge eines Emsigen bringen
Überfluß; wer aber allzu rasch ist, dem
wird's mangeln.

6 Wer Schätze sammelt mit Lügen, der
wird fehlgehen und ist unter denen, die
den Tod suchen.

7 Der Gottlosen Rauben wird sie
erschrecken; denn sie wollten nicht tun,
was recht war.

8 Wer mit Schuld beladen ist, geht
krumme Wege; wer aber rein ist, des
Werk ist recht.

9 Es ist besser wohnen im Winkel auf

dem Dach, denn bei einem zänkischen Weibe in einem Haus beisammen.

10 Die Seele des Gottlosen wünscht Arges und gönnt seinem Nächsten nichts.

11 Wenn der Spötter gestraft wird, so werden die Unvernünftigen Weise; und wenn man einen Weisen unterrichtet, so wird er vernünftig.

12 Der Gerechte hält sich weislich gegen des Gottlosen Haus; aber die Gottlosen denken nur Schaden zu tun.

13 Wer seine Ohren verstopft vor dem Schreien des Armen, der wird auch rufen, und nicht erhört werden.

14 Eine heimliche Gabe stillt den Zorn, und ein Geschenk im Schoß den heftigen Grimm.

15 Es ist dem Gerechten eine Freude, zu tun, was recht ist, aber eine Furcht den Übeltätern.

16 Ein Mensch, der vom Wege der Klugheit irrt, wird bleiben in der Toten Gemeinde.

17 Wer gern in Freuden lebt, dem wird's mangeln; und wer Wein und Öl liebt, wird nicht reich.

18 Der Gottlose muß für den Gerechten

gegeben werden und der Verächter für die Frommen.

19 Es ist besser, wohnen im wüsten Lande denn bei einem zänkischen und zornigen Weibe.

20 Im Hause des Weisen ist ein lieblicher Schatz und Öl; aber ein Narr verschlemmt es.

21 Wer der Gerechtigkeit und Güte nachjagt, der findet Leben, Gerechtigkeit und Ehre.

22 Ein Weiser gewinnt die Stadt der Starken und stürzt ihre Macht, darauf sie sich verläßt.

23 Wer seinen Mund und seine Zunge bewahrt, der bewahrt seine Seele vor Angst.

24 Der stolz und vermessen ist, heißt ein Spötter, der im Zorn Stolz beweist.

25 Der Faule stirbt über seinem Wünschen; denn seine Hände wollen nichts tun.

26 Er wünscht den ganzen Tag; aber der Gerechte gibt, und versagt nicht.

27 Der Gottlosen Opfer ist ein Gräuel; denn es wird in Sünden geopfert.

28 Ein lügenhafter Zeuge wird

umkommen; aber wer sich sagen läßt, den läßt man auch allezeit wiederum reden.

29 Der Gottlose fährt mit dem Kopf hindurch; aber wer fromm ist, des Weg wird bestehen.

30 Es hilft keine Weisheit, kein Verstand, kein Rat wider den HERRN.

31 Rosse werden zum Streittage bereitet; aber der Sieg kommt vom HERRN.

22. Kapitel

Vom guten Namen, wie er erworben und verloren wird.

1 Ein guter Ruf ist köstlicher denn großer Reichtum, und Gunst besser denn Silber und Gold.

2 Reiche und Arme müssen untereinander sein; der HERR hat sie alle gemacht.

3 Der Kluge sieht das Unglück und verbirgt sich; die Unverständigen gehen hindurch und werden beschädigt.

4 Wo man leidet in des HERRN Furcht,

da ist Reichtum, Ehre und Leben.

5 Stachel und Stricke sind auf dem Wege des Verkehrten; wer sich aber davon fernhält, bewahrt sein Leben.

6 Wie man einen Knaben gewöhnt, so läßt er nicht davon, wenn er alt wird.

7 Der Reiche herrscht über die Armen; und wer borgt, ist des Leihers Knecht.

8 Wer Unrecht sät, der wird Mühsal ernten und wird durch die Rute seiner Bosheit umkommen.

9 Ein gütiges Auge wird gesegnet; denn er gibt von seinem Brot den Armen.

10 Treibe den Spötter aus, so geht der Zank weg, so hört auf Hader und Schmähung.

11 Wer ein treues Herz und liebliche Rede hat, des Freund ist der König.

12 Die Augen des HERRN behüten guten Rat; aber die Worte des Verächters verkehrt er.

13 Der Faule spricht: Es ist ein Löwe draußen, ich möchte erwürgt werden auf der Gasse. [Der Faule sagt: Draußen ist ein Löwe, auf offener Straße könnte ich getötet werden. (17)]

14 Der Huren Mund ist eine Tiefe Grube;

wem der HERR ungnädig ist, der fällt hinein.

15 Torheit steckt dem Knaben im Herzen; aber die Rute der Zucht wird sie fern von ihm treiben.

16 Wer dem Armen Unrecht tut, daß seines Guts viel werde, der wird auch einem Reichen geben, und Mangel haben.

Dritter Teil

*Neige dein Ohr
den Worten der Weisen*

17 Neige deine Ohren und höre die Worte der Weisen und nimm zu Herzen meine Lehre.

18 Denn es wird dir sanft tun, wo du sie wirst im Sinne behalten und sie werden miteinander durch deinen Mund wohl geraten.

19 Daß deine Hoffnung sei auf den HERRN, erinnere ich dich an solches heute dir zugut.

20 Habe ich dir's nicht mannigfaltig vorgeschrieben mit Rat und Lehren,

21 daß ich dir zeigte einen gewissen Grund der Wahrheit, daß du recht antworten könntest denen, die dich senden?

22 Beraube den Armen nicht, ob er wohl arm ist, und unterdrücke den Elenden nicht im Tor.

23 Denn der HERR wird ihre Sache führen und wird ihre Untertreter untertreten.

24 Geselle dich nicht zum Zornigen und halte dich nicht zu einem grimmigen Mann;

25 du möchtest seinen Weg lernen und an deiner Seele Schaden nehmen.

26 Sei nicht bei denen, die ihre Hand verhaften und für Schuld Bürge werden;

27 denn wo du es nicht hast, zu bezahlen, so wird man dir dein Bett unter dir wegnehmen.

28 Verrücke nicht die vorigen Grenzen, die deine Väter gemacht haben.

29 Siehst du einen Mann behend in seinem Geschäft, der wird vor den Königen stehen und wird nicht stehen vor den Unedlen.

23. Kapitel

Lehren der Lebensweisheit und Frömmigkeit.

1 Wenn du sitzest und issest mit einem Herrn, so merke, wen du vor dir hast,

2 und setze ein Messer an deine Kehle, wenn du gierig bist.

3 Wünsche dir nichts von seinen feinen Speisen; denn es ist falsches Brot.

4 Bemühe dich nicht reich zu werden

und laß ab von deinen Fündlein. [Mühe dich nicht ab, es zu Reichtum zu bringen, da verzichte auf deine Klugheit! (18)]

5 Laß dein Augen nicht fliegen nach dem, was du nicht haben kannst; denn dasselbe macht sich Flügel wie ein Adler und fliegt gen Himmel.

6 Iß nicht Brot bei einem Neidischen und wünsche dir von seinen feinen Speisen nichts.

7 Denn wie ein Gespenst ist er inwendig; er spricht: Iß und trink! und sein Herz ist doch nicht mit dir.

8 Deine Bissen die du gegessen hattest, mußt du ausspeien, und mußt deine freundlichen Worte verloren haben.

9 Rede nicht vor des Narren Ohren; denn er verachtet die Klugheit deiner Rede.

10 Verrücke nicht die vorigen Grenzen und gehe nicht auf der Waisen Acker.

11 Denn ihr Erlöser ist mächtig; der wird ihre Sache wider dich ausführen.

12 Gib dein Herz zur Zucht und deine Ohren zu vernünftiger Rede.

13 Laß nicht ab den Knaben zu züchtigen; denn wenn du ihn mit der Rute

haust, so wird man ihn nicht töten.

14 Du haust ihn mit der Rute; aber du errettest seine Seele vom Tode.

15 Mein Sohn, wenn dein Herz weise ist, so freut sich auch mein Herz;

16 und meine Nieren sind froh, wenn deine Lippen reden, was recht ist.

17 Dein Herz folge nicht den Sündern, sondern sei täglich in der Furcht des HERRN.

18 Denn es wird dir hernach gut sein, und dein Warten wird nicht trügen.

19 Höre, mein Sohn, und sei weise und richte dein Herz in den Weg.

20 Sei nicht unter den Säufern und Schlemmern;

21 denn die Säufer und Schlemmer verarmen, und ein Schläfer muß zerrissene Kleider tragen.

22 Gehorche deinem Vater, der dich gezeugt hat, und verachte deine Mutter nicht, wenn sie alt wird.

23 Kaufe Wahrheit, und verkaufe sie nicht, Weisheit, Zucht und Verstand. [Erwirb Wahrheit, und gib nicht preis Weisheit und Unterweisung und Verstand. (19)]

24 Der Vater eines Gerechten freut sich; und wer einen Weisen gezeugt hat, ist fröhlich darüber.

25 Laß sich deinen Vater und deine Mutter freuen, und fröhlich sein, die dich geboren hat.

26 Gib mir, mein Sohn, dein Herz, und laß deinen Augen meine Wege wohl gefallen.

27 Denn eine Hure ist eine tiefe Grube, und eine Ehebrecherin ist ein enger Brunnen.

28 Auch lauert sie wie ein Räuber, und die Frechen unter den Menschen sammelt sie zu sich.

29 Wo ist Weh? wo ist Leid? wo ist Zank? wo ist Klagen? wo sind Wunden ohne Ursache? wo sind trübe Augen?

30 Wo man beim Wein liegt und kommt, auszusaufen, was eingeschenkt ist.

31 Siehe den Wein nicht an, daß er so rot ist und im Glase so schön steht. Er geht glatt ein;

32 aber danach beißt er wie eine Schlange und sticht wie eine Otter.

33 So werden deine Augen nach andern

Weibern sehen, und dein Herz wird verkehrte Dinge reden,

34 und wirst sein wie einer, der mitten im Meer schläft, und wie einer schläft oben auf dem Mastbaum.

35 "Sie schlagen mich, aber es tut mir nicht weh; sie klopfen mich, aber ich fühle es nicht. Wann will ich aufwachen, daß ich's mehr treibe?"

24. Kapitel

Ermahnungen, besonders zu Geduld und Verträglichkeit.

1 Folge nicht bösen Leuten und wünsche nicht, bei ihnen zu sein;

2 denn ihr Herz trachte nach Schaden, und ihre Lippen raten zu Unglück.

3 Durch Weisheit wird ein Haus gebaut und durch Verstand erhalten.

4 Durch ordentliches Haushalten werden die Kammern voll aller köstlichen, lieblichen Reichtümer.

5 Ein weiser Mann ist stark, und ein

vernünftiger Mann ist mächtig von Kräften.

6 Denn mit Rat muß man Krieg führen; und wo viele Ratgeber sind, da ist der Sieg.

7 Weisheit ist dem Narren zu hoch; er darf seinen Mund im Tor nicht auftun.

8 Wer sich vornimmt, Böses zu tun, den heißt man billig einen Erzbösewicht.

9 Des Narren Tücke ist Sünde, und der Spötter ist ein Gräuel vor den Leuten.

10 Der ist nicht stark, der in der Not nicht fest ist.

11 Errette die, so man töten will; und entzieh dich nicht von denen, die man würgen will.

12 Sprichst du: "Siehe, wir verstehen's nicht!" meinst du nicht, der die Herzen wägt, merkt es, und der auf deine Seele achthat, kennt es und vergilt dem Menschen nach seinem Werk?

13 Iß, mein Sohn, Honig, denn er ist gut, und Honigseim ist süß in deinem Halse.

14 Also lerne die Weisheit für deine Seele. Wo du sie findest, so wird's hernach wohl gehen, und deine Hoffnung wird nicht umsonst sein.

15 Laure nicht als Gottloser auf das Haus des Gerechten; verstöre seine Ruhe nicht.

16 Denn ein Gerechter fällt siebenmal und steht wieder auf; aber die Gottlosen versinken im Unglück.

17 Freue dich des Falles deines Feindes nicht, und dein Herz sei nicht froh über seinem Unglück;

18 der HERR möchte es sehen, und es möchte ihm übel gefallen und er seine Zorn von ihm wenden. [Sonst sieht es der HERR, und es ist böse in seinen Augen, und er wendet seinen Zorn von ihm ab. (20) damit der HERR es nicht sieht und Mißfallen empfindet und seinen Zorn von ihm weg (gegen dich) wendet. (21)]

19 Erzürne dich nicht über die Bösen und eifere nicht über die Gottlosen.

20 Denn der Böse hat nichts zu hoffen, und die Leuchte der Gottlosen wird verlöschen.

21 Mein Kind, fürchte den HERRN und den König und menge dich nicht unter die Aufrührer.

22 Denn ihr Verderben wird plötzlich entstehen; und wer weiß, wann beider Unglück kommt?

23 Dies sind auch Worte von Weisen. Die Person ansehen im Gericht ist nicht gut.

24 Wer zum Gottlosen spricht: "Du bist fromm", dem fluchen die Leute, und das Volk haßt ihn.

25 Welche aber strafen, die gefallen wohl, und kommt ein reicher Segen auf sie.

26 Eine richtige Antwort ist wie ein lieblicher Kuß.

27 Richte draußen dein Geschäft aus und bearbeite deinen Acker; darnach baue dein Haus.

28 Sei nicht Zeuge ohne Ursache wider deinen Nächsten und betrüge nicht mit deinem Munde.

29 Sprich nicht: "Wie man mir tut, so will ich wieder tun und einem jeglichen sein Werk vergelten."

30 Ich ging am Acker des Faulen vorüber und am Weinberg des Narren;

31 und siehe, da waren eitel Nesseln darauf, und er stand voll Disteln, und die Mauer war eingefallen.

32 Da ich das sah, nahm ich's zu Herzen und schaute und lernte daran.

33 Du willst ein wenig schlafen und ein wenig schlummern und ein wenig deine Hände zusammentun, daß du ruhest:

34 aber es wird dir deine Armut kommen wie ein Wanderer und dein Mangel wie ein gewappneter Mann.

Vierter Teil

Weitere Sprüche Salomos,
in der Zeit Hiskias
zusammengetragen

25. Kapitel

Wahre Ehre ist der Lohn der Weisheit.

1 Dies sind auch Sprüche Salomos, die hinzugesetzt haben die Männer Hiskias, des Königs in Juda.

2 Es ist Gottes Ehre, eine Sache verbergen; aber der Könige Ehre ist's, eine Sache zu erforschen.

3 Der Himmel ist hoch und die Erde tief; aber der Könige Herz ist unerforschlich.

4 Man tue den Schaum vom Silber, so wird ein reines Gefäß daraus.

5 Man tue den Gottlosen hinweg vor dem König, so wird sein Thron mit Gerechtigkeit befestigt.

6 Prange nicht vor dem König und tritt nicht an den Ort der Großen.

7 Denn es ist dir besser, daß man zu dir sage: Tritt hier herauf! als daß du vor dem Fürsten erniedrigt wirst, daß es deine Augen sehen müssen.

8 Fahre nicht bald heraus, zu zanken; denn was willst du hernach machen,

wenn dich dein Nächster beschämt hat?

9 Führe deine Sache mit deinem Nächsten, und offenbare nicht eines andern Heimlichkeit,

10 auf daß nicht übel von dir spreche, der es hört, und dein böses Gerücht nimmer ablasse.

11 Ein Wort geredet zu seiner Zeit, ist wie goldene Äpfel auf silbernen Schalen.

12 Wer einem Weisen gehorcht, der ihn straft, das ist wie ein goldenes Stirnband und goldenes Halsband.

13 Wie die Kühle des Schnees zur Zeit der Ernte, so ist ein treuer Bote dem, der ihn gesandt hat, und labt seines Herrn Seele.

14 Wer viel verspricht und hält nicht, der ist wie Wolken und Wind ohne Regen.

15 Durch Geduld wird ein Fürst versöhnt, und eine linde Zunge bricht die Härtigkeit.

16 Findest du Honig, so iß davon, so viel dir genug ist, daß du nicht zu satt wirst und speiest ihn aus.

17 Entzieh deinen Fuß vom Hause deines Nächsten; er möchte dein überdrüssig und dir gram werden.

18 Wer wider seinen Nächsten falsch Zeugnis redet, der ist ein Spieß, Schwert und scharfer Pfeil.

19 Die Hoffnung auf einen Treulosen zur Zeit der Not ist wie ein fauler Zahn und gleitender Fuß.

20 Wer einem betrübten Herzen Lieder singt, das ist, wie wenn einer das Kleid ablegt am kalten Tage, und wie Essig auf der Kreide.

21 Hungert deinen Feind, so speise ihn mit Brot; dürstet ihn, so tränke ihn mit Wasser.

22 Denn du wirst feurige Kohlen auf sein Haupt häufen, und der HERR wird dir's vergelten.

23 Der Nordwind bringt Ungewitter, und die heimliche Zunge macht saures Angesicht.

24 Es ist besser, im Winkel auf dem Dach sitzen denn bei einem zänkischen Weibe in einem Haus beisammen.

25 Eine gute Botschaft aus fernen Landen ist wie kalt Wasser einer durstigen Seele.

26 Ein Gerechter, der vor einem Gottlosen fällt, ist wie ein getrübter Brunnen und eine verderbte Quelle.

27 Wer zuviel Honig ißt, das ist nicht gut; und wer schwere Dinge erforscht, dem wird's zu schwer.

28 Ein Mann, der seinen Geist nicht halten kann, ist wie eine offene Stadt ohne Mauern.

26. Kapitel

Törichte, faule und falsche Leute
sind keiner Ehre wert.

1 Wie der Schnee im Sommer und Regen in der Ernte, also reimt sich dem Narren die Ehre nicht.

2 Wie ein Vogel dahinfährt und eine Schwalbe fliegt, also ein unverdienter Fluch trifft nicht.

3 Dem Roß eine Geißel und dem Esel einen Zaum und dem Narren eine Rute auf den Rücken!

4 Antworte dem Narren nicht nach seiner Narrheit, daß du ihm nicht auch gleich werdest.

5 Antworte aber dem Narren nach

seiner Narrheit, daß er sich nicht weise lasse dünken.

6 Wer eine Sache durch einen törichten Boten ausrichtet, der ist wie ein Lahmer an den Füßen und nimmt Schaden.

7 Wie einem Krüppel das Tanzen, also steht den Narren an, von Weisheit zu reden.

8 Wer einem Narren Ehre antut, das ist, als wenn einer einen edlen Stein auf den Rabenstein würfe.

9 Ein Spruch in eines Narren Mund ist wie ein Dornzweig, der in eines Trunkenen Hand sticht.

10 Ein guter Meister macht ein Ding recht; aber wer einen Stümper dingt, dem wird's verderbt.

11 Wie ein Hund sein Gespeites wieder frißt, also ist der Narr, der seine Narrheit wieder treibt.

12 Wenn du einen siehst, der sich weise dünkt, da ist an einem Narren mehr Hoffnung denn an ihm.

13 Der Faule spricht: Es ist ein junger Löwe auf dem Wege und ein Löwe auf den Gassen.

14 Ein Fauler wendet sich im Bette wie die Tür in der Angel.

15 Der Faule verbirgt seine Hand in dem Topf, und wird ihm sauer, daß er sie zum Munde bringe.

16 Ein Fauler dünkt sich weiser denn sieben, die da Sitten lehren.

17 Wer vorgeht und sich mengt in fremden Hader, der ist wie einer, der den Hund bei den Ohren zwackt.

18 Wie ein Unsinniger mit Geschoß und Pfeilen schießt und tötet,

19 also tut ein falscher Mensch mit seinem Nächsten und spricht danach: Ich habe gescherzt.

20 Wenn nimmer Holz da ist, so verlischt das Feuer; und wenn der Verleumder weg ist, so hört der Hader auf.

21 Wie die Kohlen eine Glut und Holz ein Feuer, also facht ein zänkischer Mann Hader an.

22 Die Worte des Verleumders sind wie Schläge, und sie gehen durchs Herz.

23 Brünstige Lippen und ein böses Herz ist wie eine Scherbe, mit Silberschaum überzogen.

24 Der Feind verstellt sich mit seiner

Rede, und im Herzen ist er falsch.

25 Wenn er seine Stimme holdselig macht, so glaube ihm nicht; denn es sind sieben Gräuel in seinem Herzen.

26 Wer den Haß heimlich hält, Schaden zu tun, des Bosheit wird vor der Gemeinde offenbar werden.

27 Wer eine Grube macht, der wird hineinfallen; und wer einen Stein wälzt, auf den wird er zurückkommen.

28 Eine falsche Zunge haßt den, der sie straft; und ein Heuchelmaul richtet Verderben an.

27. Kapitel

Warnung vor Selbstruhm und Vermessenheit.

1 Rühme dich nicht des morgenden Tages; denn du weißt nicht, was heute sich begeben mag.

2 Laß dich einen andern loben, und nicht deinen Mund, einen Fremden, und nicht deine eigenen Lippen.

3 Stein ist schwer und Sand ist Last; aber

des Narren Zorn ist schwerer denn die beiden.

4 Zorn ist ein wütig Ding, und Grimm ist ungestüm; aber wer kann vor dem Neid bestehen?

5 Offene Strafe ist besser denn heimliche Liebe.

6 Die Schläge des Liebhabers meinen's recht gut; aber die Küsse des Hassers sind gar zu reichlich.

7 Eine satte Seele zertritt wohl Honigseim; aber einer hungrigen Seele ist alles Bittere süß.

8 Wie ein Vogel, der aus seinem Nest weicht, also ist, wer von seiner Stätte weicht.

9 Das Herz erfreut sich an Salbe und Räuchwerk; aber ein Freund ist lieblich um Rats willen der Seele.

10 Deinen Freund und deines Vaters Freund verlaß nicht, und gehe nicht ins Haus deines Bruders, wenn dir's übel geht; denn dein Nachbar in der Nähe ist besser als dein Bruder in der Ferne.

11 Sei weise, mein Sohn, so freut sich mein Herz, so will ich antworten dem, der mich schmäht.

12 Ein Kluger sieht das Unglück und verbirgt sich; aber die Unverständigen gehen hindurch und leiden Schaden.

13 Nimm dem sein Kleid, der für einen andern Bürge wird, und pfände ihn um der Fremden willen.

14 Wenn einer seinen Nächsten des Morgens früh mit lauter Stimme segnet, das wird ihm für einen Fluch gerechnet.

15 Ein zänkisches Weib und stetiges Triefen, wenn's sehr regnet, werden wohl miteinander verglichen.

16 Wer sie aufhält, der hält den Wind und will das Öl mit der Hand fassen.

17 Ein Messer wetzt das andere und ein Mann den andern.

18 Wer seinen Feigenbaum bewahrt, der ißt Früchte davon; und wer seinen Herrn bewahrt, wird geehrt.

19 Wie das Spiegelbild im Wasser ist gegenüber dem Angesicht, also ist eines Menschen Herz gegenüber dem andern.

20 Hölle und Abgrund werden nimmer voll, und der Menschen Augen sind auch unersättlich.

21 Ein Mann wird durch den Mund des,

der ihn lobt, bewährt wie Silber im Tiegel und das Gold im Ofen.

22 Wenn du den Narren im Mörser zerstießest mit dem Stämpfel wie Grütze, so ließe doch seine Narrheit nicht von ihm.

23 Auf deine Schafe habe acht und nimm dich deiner Herden an.

24 Denn Gut währt nicht ewiglich, und die Krone währt nicht für und für.

25 Das Heu ist weggeführt, und wiederum ist Gras da und wird Kraut auf den Bergen gesammelt.

26 Die Lämmer kleiden dich und die Böcke geben dir das Geld, einen Acker zu kaufen.

27 Du hast Ziegenmilch genug zu deiner Speise, zur Speise deines Hauses und zur Nahrung deiner Dirnen.

28. Kapitel

Segen der Frömmigkeit und Rechtschaffenheit; Unsegen der Gottlosigkeit.

1 Der Gottlose flieht, und niemand jagt

ihn; der Gerechte aber ist getrost wie ein junger Löwe.

2 Um des Landes Sünde willen werden viel Änderungen der Fürstentümer; aber um der Leute willen, die verständig und vernünftig sind, bleiben sie lange. [Ein aufrührerisches Land bringt viele Herrscher hervor, aber ein verständiger, einsichtiger Mensch verschafft der Ordnung Bestand. (22)]

3 Ein armer Mann, der die Geringen bedrückt, ist wie ein Meltau, der die Frucht verdirbt.

4 Die das Gesetz verlassen, loben den Gottlosen; die es aber bewahren, sind unwillig auf sie.

5 Böse Leute merken nicht aufs Recht; die aber nach dem HERRN fragen, merken auf alles.

6 Es ist besser ein Armer, der in seiner Frömmigkeit geht, denn ein Reicher, der in verkehrten Wegen geht.

7 Wer das Gesetz bewahrt, ist ein verständiges Kind; wer aber der Schlemmer Geselle ist, schändet seinen Vater.

8 Wer sein Gut mehrt mit Wucher und

Zins, der sammelt es für den, der sich der Armen erbarmt.

9 Wer sein Ohr abwendet, das Gesetz zu hören, des Gebet ist ein Gräuel.

10 Wer die Frommen verführt auf bösem Wege, der wird in seine Grube fallen; aber die Frommen werden Gutes ererben.

11 Ein Reicher dünkt sich, weise zu sein; aber ein verständiger Armer durchschaut ihn.

12 Wenn die Gerechten Oberhand haben, so geht's sehr fein zu; wenn aber Gottlose aufkommen, wendet sich's unter den Leuten.

13 Wer seine Missetat leugnet, dem wird's nicht gelingen; wer sie aber bekennt und läßt, der wird Barmherzigkeit erlangen.

14 Wohl dem, der sich allewege fürchtet; wer aber sein Herz verhärtet, wird in Unglück fallen.

15 Ein Gottloser, der über ein armes Volk regiert, das ist ein brüllender Löwe und gieriger Bär.

16 Wenn ein Fürst ohne Verstand ist, so geschieht viel Unrecht; wer aber den

Geiz haßt, der wird lange leben.

17 Ein Mensch, der am Blut einer Seele schuldig ist, der wird flüchtig sein bis zur Grube, und niemand halte ihn auf.

18 Wer fromm einhergeht, dem wird geholfen; wer aber verkehrtes Weges ist, wird auf einmal fallen.

19 Wer seinen Acker baut, wird Brot genug haben; wer aber dem Müßiggang nachgeht, wird Armut genug haben.

20 Ein treuer Mann wird viel gesegnet; wer aber eilt, reich zu werden, wird nicht unschuldig bleiben.

21 Person ansehen ist nicht gut; und mancher tut übel auch wohl um ein Stück Brot.

22 Wer eilt zum Reichtum und ist neidisch, der weiß nicht, daß Mangel ihm begegnen wird.

23 Wer einen Menschen straft, wird hernach Gunst finden, mehr denn der da heuchelt.

24 Wer seinem Vater oder seiner Mutter etwas nimmt und spricht, es sei nicht Sünde, der ist des Verderbers Geselle.

25 Ein Stolzer erweckt Zank; wer aber auf den HERRN sich verläßt, wird gelabt.

26 Wer sich auf sein Herz verläßt, ist ein Narr; wer aber mit Weisheit geht, wird entrinnen.

27 Wer dem Armen gibt, dem wird nichts mangeln; wer aber seine Augen abwendet, der wird viel verflucht.

28 Wenn die Gottlosen aufkommen, so verbergen sich die Leute; wenn sie aber umkommen, werden der Gerechten viel.

29. Kapitel

Weisheit bringt Segen;
Torheit und Sünde stiftet Verderben.

1 Wer wider die Strafe halsstarrig ist, der wird plötzlich verderben ohne alle Hilfe.

2 Wenn der Gerechten viel sind, freut sich das Volk; wenn aber der Gottlose herrscht, seufzt das Volk.

3 Wer Weisheit liebt, erfreut seinen Vater; wer aber mit Huren umgeht, kommt um sein Gut.

4 Ein König richtet das Land auf durchs Recht; ein geiziger aber verderbt es.

5 Wer mit seinem Nächsten heuchelt,

der breitet ein Netz aus für seine Tritte.

6 Wenn ein Böser sündigt, verstrickt er sich selbst; aber ein Gerechter freut sich und hat Wonne.

7 Der Gerechte erkennt die Sache der Armen; der Gottlose achtet keine Vernunft.

8 Die Spötter bringen frech eine Stadt in Aufruhr; aber die Weisen stillen den Zorn.

9 Wenn ein Weiser mit einem Narren zu rechten kommt, er zürne oder lache, so hat er nicht Ruhe.

10 Die Blutgierigen hassen den Frommen; aber die Gerechten suchen sein Heil.

11 Ein Narr schüttet seinen Geist ganz aus; aber ein Weiser hält an sich.

12 Ein Herr, der zu Lügen Lust hat, des Diener sind alle gottlos.

13 Arme und Reiche begegnen einander: beider Augen erleuchtet der HERR.

14 Ein König, der die Armen treulich richtet, des Thron wird ewig bestehen.

15 Rute und Strafe gibt Weisheit; aber ein Knabe, sich selbst überlassen, macht seiner Mutter Schande.

16 Wo viele Gottlose sind, da sind viel Sünden; aber die Gerechten werden ihren Fall erleben.

17 Züchtige deinen Sohn, so wird er dich ergötzen und wird deiner Seele sanft tun.

18 Wo keine Weissagung ist, wird das Volk wild und wüst; wohl aber dem, der das Gesetz handhabt!

19 Ein Knecht läßt sich mit Worten nicht züchtigen; denn ob er sie gleich versteht, nimmt er sich's doch nicht an.

20 Siehst du einen, der schnell ist zu reden, da ist am Narren mehr Hoffnung denn an ihm.

21 Wenn ein Knecht von Jugend auf zärtlich gehalten wird, so will er darnach ein Junker sein.

22 Ein zorniger Mann richtet Hader an, und ein Grimmiger tut viel Sünde.

23 Die Hoffart des Menschen wird ihn stürzen; aber der Demütige wird Ehre empfangen.

24 Wer mit Dieben teilhat, den Fluch aussprechen hört, und sagt's nicht an, der haßt sein Leben.

25 Vor Menschen sich scheuen bringt zu Fall; wer sich aber auf den HERRN

verläßt, wird beschützt.

26 Viele suchen das Angesicht eines Fürsten; aber eines jeglichen Gericht kommt vom HERRN.

27 Ein ungerechter Mann ist dem Gerechten ein Gräuel; und wer rechtes Weges ist, der ist des Gottlosen Gräuel.

Fünfter Teil

Die Worte Agurs

30. Kapitel

Agurs Bekenntnis, Bitte und weise Sprüche.

1 Dies sind die Worte Agurs, des Sohnes Jakes. Lehre und Rede des Mannes: Ich habe mich gemüht, o Gott; ich habe mich gemüht, o Gott, und ablassen müssen.

2 Denn ich bin der allernärrischste, und Menschenverstand ist nicht bei mir;

3 ich habe Weisheit nicht gelernt, daß ich den Heiligen erkennete.

4 Wer fährt hinauf gen Himmel und herab? Wer faßt den Wind in seine Hände? Wer bindet die Wasser in ein Kleid? Wer hat alle Enden der Welt gestellt? Wie heißt er? Und wie heißt sein Sohn? Weißt du das?

5 Alle Worte Gottes sind durchläutert; er ist ein Schild denen, die auf ihn trauen.

6 Tue nichts zu seinen Worten, daß er dich nicht strafe und werdest lügenhaft erfunden.

7 Zweierlei bitte ich von dir; das wollest

du mir nicht weigern, ehe ich denn sterbe:

8 Abgötterei und Lüge laß ferne von mir sein; Armut und Reichtum gib mir nicht, laß mich aber mein bescheiden Teil Speise dahinnehmen.

9 Ich möchte sonst, wo ich zu satt würde, verleugnen und sagen: Wer ist der HERR? Oder wo ich zu arm würde, möchte ich stehlen und mich an dem Namen meines Gottes vergreifen.

10 Verleumde den Knecht nicht bei seinem Herrn, daß er dir nicht fluche und du die Schuld tragen müssest.

11 Es ist eine Art, die ihrem Vater flucht und ihre Mutter nicht segnet;

12 eine Art, die sich rein dünkt, und ist doch von ihrem Kot nicht gewaschen;

13 eine Art, die ihre Augen hoch trägt und ihre Augenlider emporhält;

14 eine Art, die Schwerter für Zähne hat und Messer für Backenzähne und verzehrt die Elenden im Lande und die Armen unter den Leuten.

[10 Verleumde einen Knecht nicht bei seinem Herrn, damit er dir nicht flucht und du es büßen mußt.

11 (Ein Greuel für den HERRN ist) ein Geschlecht, das seinem Vater flucht und seine Mutter nicht segnet,

12 ein Geschlecht, das sich selbst für rein hält und doch von seiner Unreinheit sich nicht gesäubert hat,

13 ein Geschlecht, das den Kopf wunder wie hoch trägt und auf andere mit stolz erhobenen Augen herabblickt,

14 ein Geschlecht, dessen Zähne Schwerter sind und dessen Gebiß aus Messern besteht, um die Elenden aus dem Lande wegzufressen und die Armen aus der Mitte der Menschen. (23)]

15 Blutegel hat zwei Töchter: Bring her, bring her! Drei Dinge sind nicht zu sättigen, und das vierte spricht nicht: Es ist genug:

16 die Hölle, der Frauen verschlossenen Mutter, die Erde wird nicht des Wassers satt, und das Feuer spricht nicht: Es ist genug.

17 Ein Auge, das den Vater verspottet, und verachtet der Mutter zu gehorchen, das müssen die Raben am Bach aushacken und die jungen Adler fressen.

[15 Der Blutegel hat zwei Töchter: Gib

her, gib her! Drei sind es, die nicht satt werden, vier, die nicht sagen: Genug!

16 Der Scheol und der verschlossene Mutterleib, die Erde, die an Wasser nie satt wird, und das Feuer, das nie sagt: Genug!

17 Ein Auge, das den Vater verspottet und den Gehorsam gegen die Mutter verachtet, aushacken werden es die Raben am Bach und auffressen die jungen Adler. (24)]

18 Drei sind mir zu wunderbar, und das vierte verstehe ich nicht:

19 des Adlers Weg am Himmel, der Schlange Weg auf einem Felsen, des Schiffes Weg mitten im Meer und eines Mannes Weg an einer Jungfrau.

20 Also ist auch der Weg der Ehebrecherin; die verschlingt und wischt ihr Maul und spricht: Ich habe kein Böses getan.

21 Ein Land wird durch dreierlei unruhig, und das vierte kann es nicht ertragen:

22 ein Knecht, wenn er König wird; ein Narr, wenn er zu satt ist;

23 eine Verschmähte, wenn sie

geehelicht wird; und eine Magd, wenn sie ihrer Frau Erbin wird.

24 Vier sind klein auf Erden und klüger denn die Weisen:

25 die Ameisen, ein schwaches Volk; dennoch schaffen sie im Sommer ihre Speise,

26 Kaninchen, ein schwaches Volk; dennoch legt es sein Haus in den Felsen,

27 Heuschrecken, haben keinen König; dennoch ziehen sie aus ganz in Haufen,

28 die Spinne, wirkt mit ihren Händen und ist in der Könige Schlössern.

29 Dreierlei haben einen feinen Gang, und das vierte geht wohl:

30 der Löwe, mächtig unter den Tieren und kehrt nicht um vor jemand;

31 ein Windhund von guten Lenden, und ein Widder, und ein König, wider den sich niemand legen darf.

32 Bist du ein Narr gewesen und zu hoch gefahren und hast Böses vorgehabt, so lege die Hand aufs Maul.

33 Wenn man Milch stößt, so macht man Butter daraus; und wer die Nase hart schneuzt, zwingt Blut heraus; und wer den Zorn reizt, zwingt Hader heraus.

31. Kapitel

Mütterliche Unterweisung für einen König.
Lob des tugendsamen Weibes.

1 Dies sind die Worte des Königs Lamuel, die Lehre, die ihn seine Mutter lehrte.

2 Ach mein Auserwählter, ach du Sohn meines Leibes, ach mein gewünschter Sohn,

3 laß nicht den Weibern deine Kraft und gehe die Wege nicht, darin sich die Könige verderben!

4 O, nicht den Königen, Lamuel, nicht den Königen ziemt es, Wein zu trinken, noch den Fürsten starkes Getränk!

5 Sie möchten trinken und der Rechte vergessen und verändern die Sache aller elenden Leute.

6 Gebt starkes Getränk denen, die am Umkommen sind, und den Wein den betrübten Seelen,

7 daß sie trinken und ihres Elends vergessen und ihres Unglücks nicht mehr gedenken.

8 Tue deinen Mund auf für die Stummen

und für die Sache aller, die verlassen sind.

9 Tue deinen Mund auf und richte recht und räche den Elenden und Armen.

10 Wem ein tugendsam Weib beschert ist, die ist viel edler denn die köstlichsten Perlen.

11 Ihres Mannes Herz darf sich auf sie verlassen, und Nahrung wird ihm nicht mangeln.

12 Sie tut ihm Liebes und kein Leides ihr Leben lang.

13 Sie geht mit Wolle und Flachs um und arbeitet gern mit ihren Händen.

14 Sie ist wie ein Kaufmannsschiff, das seine Nahrung von ferne bringt.

15 Sie steht vor Tages auf und gibt Speise ihrem Hause und Essen ihren Dirnen.

16 Sie denkt nach einem Acker und kauft ihn und pflanzt einen Weinberg von den Früchten ihrer Hände.

17 Sie gürtet ihre Lenden mit Kraft und stärkt ihre Arme.

18 Sie merkt, wie ihr Handel Frommen bringt; ihre Leuchte verlischt des Nachts nicht.

19 Sie streckt ihre Hand nach dem Rocken, und ihre Finger fassen die Spindel.

20 Sie breitet ihre Hände aus zu dem Armen und reicht ihre Hand dem Dürftigen.

21 Sie fürchtet für ihr Haus nicht den Schnee; denn ihr ganzes Haus hat zwiefache Kleider.

22 Sie macht sich selbst Decken; feine Leinwand und Purpur ist ihr Kleid.

23 Ihr Mann ist bekannt in den Toren, wenn er sitzt bei den Ältesten des Landes.

24 Sie macht einen Rock und verkauft ihn; einen Gürtel gibt sie dem Krämer.

25 Kraft und Schöne sind ihr Gewand, und sie lacht des kommenden Tages.

26 Sie tut ihren Mund auf mit Weisheit, und auf ihrer Zunge ist holdselige Lehre.

27 Sie schaut, wie es in ihrem Hause zugeht, und ißt ihr Brot nicht mit Faulheit.

28 Ihre Söhne stehen auf und preisen sie selig; ihr Mann lobt sie:

29 "Viele Töchter halten sich tugendsam; du aber übertriffst sie alle."

30 Lieblich und schön sein ist nichts; ein

Weib, das den HERRN fürchtet, soll man loben.

31 Sie wird gerühmt werden von den Früchten ihrer Hände, und ihre Werke werden sie loben in den Toren.

Anhang und Register

(1) Elberfelder Bibel

(2)Elberfelder Bibel

(3) Züricher Bibel

(4) Schlachter 2000

(5) Menge Bibel

(6) Schlachter 2000

(7) Züricher Bibel

(8) Menge Bibel

(9) Menge Bibel

(10) Züricher Bibel

(11) Züricher Bibel

(12) Elberfelder Bibel

(13) Elberfelder Bibel

(14) Züricher Bibel

(15) Menge Bibel

(16) Elberfelder Bibel

(17) Züricher Bibel

(18) Elberfelder Bibel

(19) Züricher Bibel

(20) Züricher Bibel

(21) Menge Bibel

(22) Züricher Bibel

(23) Menge Bibel

(24) Elberfelder Bibel